FORTY YEARS

FORTY CASES

上海市联合律师事务所
经典案例集粹

朱洪超　江宪　主编

学林出版社

图书在版编目(CIP)数据

四十年·四十案：上海市联合律师事务所经典案例
集粹/朱洪超，江宪主编.--上海 ：学林出版社，2024.
ISBN 978-7-5486-2052-5

Ⅰ.D920.5

中国国家版本馆CIP数据核字第2024VN2258号

责任编辑 尹利欣　韩越　张嵩澜
封面设计 姜明
书名题字 杨耀扬

四十年·四十案

——上海市联合律师事务所经典案例集粹

朱洪超　江宪　主编

出　　版	学林出版社	
	（201101 上海市闵行区号景路159弄C座）	
发　　行	上海人民出版社发行中心	
	（201101 上海市闵行区号景路159弄C座）	
印　　刷	上海雅昌艺术印刷有限公司	
开　　本	710×1000　1/16	
印　　张	16	
字　　数	22万	
版　　次	2024年12月第1版	
印　　次	2024年12月第1次印刷	

ISBN 978-7-5486-2052-5/D.106

定　　价　　60.00 元

序

上海市法官检察官遴选委员会主任、
上海市社会科学界联合会副主席　沈国明

　　上海市联合律师事务所已经四十岁了。这四十年，中国的律师制度经历了多次改革，律师事务所也经历几番改制。随着改制，与联合律师事务所同龄的律师事务所几乎都改了名，而联合律师事务所仍沿用创办时的名称，遍查律师事务所名录，这样的所应该是硕果仅存的。"联合"这一名称与律师事务所都源于"国办所"的时代，又经历了改成合伙制的时代。采用"联合"作为所名，体现了创办者的远见和智慧，至今仍沿用"联合"作为所名，也显现了几代同仁的底色，即对事业的专注和对集体的忠诚。

　　联合律师事务所保持了对法律事务的专注。全所上下将提高业务能力作为核心竞争力，始终殚精竭虑，将注意力集中在为客户服务上。过去的四十年，我国经济社会高速发展，企业和其他社会组织蓬勃发展，投资和建设项目不计其数，新的社会关系层见叠出，随之而来的新情况、新问题也层出不穷。要解决发展中遇到的矛盾和问题，必须运用法治思维。虽然最终解决未必都靠法律，但是，法律是不能缺位的。运用法律解决矛盾和问题是常态，在法律条文不足以直接解决问题时，则需要运用法理解释化解矛盾，联合律师事务所就是这样做的。从本书收录的一些案例中，我们能读出该所律师面对法律虔诚的心境，也能感受他们历经艰辛，运用法律辟出新路，走出项目困境的愉悦。

　　联合律师事务所在法律服务中敢于尝鲜碰硬。有多个案例记录了他们以"第一个吃螃蟹"的精神，办出了相关领域中的"第一例"，如承办全国第一例消费公益诉讼案、上海第一例侨汇房按揭案、全国第一例外国逝者人格权保护案，等等。他们直接服务上海的经济社会发展，书中所列的几个实例很有代表性。他们承接了让闲置多年的"大世界"重新定位开张的项目，这个项目全市关心、全国关注，他们以绣花般精细的工匠精神，经办了从重建、招商到运营的二千多份合同，使各个环节的工作有章可循，真正发挥了法律保驾护航的作用。他们在为国际泳联上海游泳世锦赛提供法律服务的过程中，妥善处理国际体育组织的宗旨、赛事惯例与我国法律法规、政策、习惯在认知上的冲突，运用良好的外语沟通表达和专业能力，将各个细节都做到位，提升了赛事的品牌价值和商业价值，国际泳联主席称此届赛会为"迄今最好的一届世锦赛"。他们的工作帮助上海成了国际大型体育赛事的常规举办地。

随着社会主义市场经济深入发展，改革发生在金融领域，法治建设虽然同步推进，但实践的水流不断将意图合龙的法治大坝冲开，金融领域的新问题不断冒出，新类型案件接连不断，实践走在了法律前面。律师们运用专业知识和对金融发展前景的认识，为相关对象提供了多层次多方面的服务，满足了客户的需求，也为金融法律法规的完善提供了实践经验和具体建议。书中的案例记述了联合律师事务所为浦发银行提供的法律服务，使该行完成了募资一百四十八亿元增发融资项目，并帮助健全相关制度，促进了该行依法行事、减少风险；在尚无《期货法》的时候，他们为期货交易所提供的法律服务，不仅打赢了官司，还促进了相关法律法规的健全，推动了期货市场的健康发展；在复杂的股权结构下厘清事实，有效维护了股东权益；通过诉讼完善了对保函的相关规则；对高管离职退股引发的诉讼，他们帮助企业和相关机构将原则性规定变得可操作，合理寻价，解决了矛盾；他们还通过股东代表诉讼、对赌协议诉讼等，凭对法律的深入理解，准确适用相关规定，从根本上梳理违规行为，使事关财产权归属的难题得到解决，推动了相关法律制度的完善。在律师业务所涉的其他领域，如在控制国企风险、解决地方债务、催收非法债务、识别虚假诉讼等方面，以及维护人权、救人于危难等方面，联合律师事务所都有亮眼的不菲业绩。

帮助客户实现预期、走出困境，在此过程中培育客户的忠诚度，这是律师事务所发展的正道，也是律师执业的正道。联合律师事务所深谙此道，多年来他们一直保持极高的专注，紧盯社会发展和变化，集聚全所的力量，钻研法律层面出现的新情况、新问题，力求娴熟运用法律知识破解难题、化解矛盾，从而赢得客户的信任。

律师对团队的忠诚度，对律师事务所的发展也至关重要。在通过合并小所组建"航空母舰"的风潮中，联合律师事务所表现出很强的定力，没有一味追求做大，而着力将自身做强。联合律师事务所拥有数位曾获得很高荣誉的知名律师，但是，他们不摆谱，认真做事，低调为人，助推了全所"助强扶弱"风气的形成，其结果是全员专业能力和水平以及综合素质不断提高，团队凝聚力和自信心由此增强，团队成员对集体具有较高的忠诚度。高忠诚度的群体相互熟悉，交流坦诚，能够提高专业服务质量，满足甚至超过客户的期望，形成与客户稳定的关系。一个律师事务所得以成功，秘诀也往往在于此。

进入新时代，律师工作面临进一步发展。2014年，党的十八届四中全会通过《中共中央关于全面推进依法治国若干重大问题的决定》，对加强法律服务队伍建设提出了具体要求，其中包括提高律师队伍业务素质、加强律师事务所管理、规范律师执业行为、监督律师严格遵守职业道德和职业操守，等等。在《决定》颁布至今的十年里，律师队伍建设取得长足进步。2024年，党的二十届三中全会通过《中共中央关于进一步全面深化改革 推进中国式现代化的决定》，对深化律师制度改革提出了进一步的要求，特别是提出了加强涉外法治建设、培育国际一流的律师事务所的要求。这应该成为联合律师事务所下一个四十年努力的目标。

我国社会主义法律体系已经形成，高素质的法律职业共同体建设在加快，适应新时代要求的法学教育和法律职业教育在发展，全社会接受法治的基础在改善，基于这样的现实条件和社会环境，经过全体成员一代又一代的奋斗，联合律师事务所一定会有更辉煌的未来。

2024年11月1日

目 录

目　录
Contents

— 3 —

四

十

年

— —

四

十

案

刑 事 诉 讼 篇

一个死刑犯用饭碗从监狱送出的求救纸条

王家骏

这是一起发生在20世纪80年代贵州省遵义市的刑事案件，一个一审被判处死刑的被告人，利用家人送饭的机会，把一个上面写有"去上海，找翟建律师，让他来替我说话"的纸条送了出来。

死刑犯的一位朋友拿到纸条后，马上乘坐绿皮火车，十万火急地赶到上海。当时，通信方式落后，信息沟通困难，要在茫茫人海中找到翟建律师，无异于大海捞针。这位朋友急中生智，下车后打了一辆"面的"，要求司机把他送到上海著名的律师李国机那里。

和李国机律师见面后，这位朋友首先介绍了整个案件，并且提到了翟建律师。热心的李国机马上联系翟建，由此引出了这段令人拍案惊奇的故事——

死刑案件居然没有辩护律师

面对突然找上门的那位贵州朋友，翟建律师一开始是拒绝的。不是因为案件难度太大，也不是因为自持身价，而是当时去一次贵州，绿皮火车要走三天两夜，时间成本太高。

但是，随着对案件的深入了解，翟建决定接下案件。他认为一审判决存在着重大的程序违法。据那位贵州朋友介绍，被告人虽然文化程度不高，但是法律意识特别强，在法院开庭审理后，就一直四处张望，向法庭询问自己是否有律师。法官回答道，本地的法律顾问处（1979年恢复律师制度后，律师属于国家干部，律师的工作单位被称为法律顾问处）没有一位律师愿意出庭，因此他只能自行辩护。

法院开庭审理期间，这位被告人无论是在法官审问还是在公诉人讯问时，总是一言不发，用沉默抗拒着眼前的一切。事后他告诉翟建，之所以沉默，是因为认为自己没有律师，缺少了一个能够在法庭上为他说话的人。

案件一审审判，被告人盗窃纱锭（一种纺织用的工业材料）的罪行成立，被判处死刑。1979年颁布的《刑事诉讼法》已经明确，对可能被判处死刑的被告人，必须指定律师为其辩护。人死不能复生，必须要有律师的参与，才能从程序正义上来确保实体判决的正义。而这一案件的一审庭审，没有律师出庭辩护，无疑属于重大的程序违法。一个审判的程序不合法，那么结果必然会存在问题。因此，在中国，无论是民事诉讼还是刑事诉讼，只要一审存在程序违法，就必然要撤销原判、发回重审。

虽然案件的律师费只有五十元人民币，但翟建还是决定前往贵州，他还叫上了朱树英律师一同前往。当时，上海没有直达遵义的火车，因此他们第一站先前往省城贵阳。在联络了贵州省高级人民法院、高级人民检察院并查看了相关卷宗后，又坐上了另外一列绿皮火车，前往遵义。在入住遵义的宾馆后，翟建和朱树英马上接待了被告人的家属，并立刻前往当地看守所，最终见到了这位用奇特手法送出求救信息的被告人。

看守所所长的帮助和证词

见到了被告人，翟建才知道，这个案子不仅程序违法，案件事实也存在很大的问题。

被告人一见到翟建就非常激动，马上开始陈述案情。当他将自己的情况和盘托出后，翟建非常震惊，因为其中一项罪名是盗窃罪，被告人作为当地主营纺织品的供销公司的驾驶员，被认定为多次盗窃，也就是人们平常所说的"惯窃"，认定的犯罪事实却非常荒诞：只要被告人开车运的货，都算是他盗窃所得，也就是说，被告人每天八小时工作的时间都在不断地盗窃。当然，这位被告人确实也借助工作环境便利，"小偷小摸地运输点货物、赚点烟酒钱"，但绝对没有达到"运什么偷盗什么"的程度。

通过之前的阅卷，翟建和朱树英发现一个重大的问题：被告人几乎在笔录上承认了全部的犯罪事实。职业的敏感让两位律师立刻认识到，这起案件的办理中可能存在着严重的刑讯逼供。果然，第一次见面，被告人就告诉两位律师："其实我没有干什么，但是，公安打我，打得我遍体鳞伤，我才这样说的。"翟建谨慎地核实这一情况，问被告人有没有刑讯逼供的证据。

结果，被告人再一次让两位律师感到震惊：他之所以知道上海的翟建律师，是因为看守所所长在杂志上看到过翟建的名字。然后告诉被告人，一定要想办法让亲属联系翟建律师，如果翟建律师来到遵义，看守所所长可以接待，并向律师证明刑讯逼供的存在。

翟建感到不可思议：一位看守所所长来证明公安机关存在刑讯逼供的情况？看着被告人期盼的眼神，也是因为好奇，他抱着试一试的想法，在会见被告人后，向看守所负责接待、安排律师会见的警官提出请求，要求和看守所所长见面。

这位姓白的所长是一名"老革命"、退伍军人，腿因为战争受伤，只能一直拄着拐杖。身为"老革命"，白所长执法治所，实事求是。他愤愤不平地告诉两位律师，主办该案的办案部门，每一次都违反在看守所内提审的规定，强行将被告人提出看守所，打得遍体鳞伤再送回来。实在看不下去的白所长下了一道死命令，绝不允许办案单位再将这位被告人提出看守所讯问，一旦带出看守所，就禁止再送回来。因此，这位被告人才免于遭受更多的皮肉之苦。

挖出新的犯罪线索

一审判决中,法院认定如下事实:被告人不仅拒不交代自己的犯罪行为,而且在庭审中诬陷他人。第二次会见的时候,翟建重点向被告人核实这一问题:"这个人到底是不是跟你一起干的,你为什么要推在他头上?"被告人很激动:"就是这个人带着我一起偷的!而且纱锭那么沉,我一个人偷不了!"

根据被告人的说法,原来,当地一位副检察长的女婿和他一起实施了盗窃行为,办案单位之所以刑讯逼供,就是为了让被告人承认所有行为都是他一人所为。相应地,法院一审判决中不仅将所有的盗窃行为归于被告人,而且莫名其妙地认定被告人"意图诬陷他人",就是为彻底洗刷另一位犯罪嫌疑人的罪行。

了解到案件的原委,翟建真正看清楚了案件的风险所在:自己不得不和当地的公、检、法机关进行对抗。也许是因为案情如此,当地法律援助中心才没有任何一位律师愿意代理这起案件;也许是因为已经有所预感,被告人才想尽办法传递信息,在上海寻找律师,为自己减轻罪名。

短短一天的会见,在白所长这位颇具正义感的人民警察的帮助下,翟建和朱树英初步了解到案件的整体脉络,并且探寻到案情背后隐藏的真相。当然,目前所有的一切都只是被告人和白所长的叙述,下一步最重要的无疑是寻找证据来证明事实。

晚上,翟建和朱树英在宾馆商量怎么取证。去检察院?那无疑是与虎谋皮,甚至会给自己惹出麻烦。去派出所?这位女婿的户口基本不可能迁到副检察长所在的户口本上。再说了,堂堂一位副检察长,律师跑到派出所去查他的户籍资料,这有可能完成吗?每个途径几乎都有致命的缺点。

到了第二天早上5点多,翟建决定单刀直入,就拿着备用的空白律所介绍信,直接到那位副检察长女婿的单位去了解相关情况。在单位领导的配合下,那位副检察长女婿很快接受了两位律师的调查。

翟建先从天气、贵州特产和茅台酒等家常话讲起，让对方慢慢放下警惕心，然后开始核实案件的具体情况，谈了一些诸如"按照法律的规定，我们得找你核实""我们怕自己的当事人冤枉了你"之类的内容。谈话的最后，他假装不经意地问了一句："咱们检察院的检察长人还不错，我们来了，他接待得很热情，他是你岳父吧？"对方说是。当时，朱树英十分紧张，问完这句话实际上谈话就结束了，按照常规就是让对方签字。但是，这个问题记录在最后，这位女婿看到笔录，难保不会反应过来进行修正或者不再签字，于是翟建又问了几个无关紧要的问题，示意朱树英赶紧记录下来。朱树英非常有经验，下面的问题记得密密麻麻，以至于副检察长女婿在签字时一点也没有看到有关"岳父"的内容，就自然而然地签了字。

当两位律师走出副检察长女婿的单位时，翟建立刻对朱树英说，咱俩赶紧打车，赶紧到火车站，赶紧跑吧！

翟建说，在遵义这种地方，上班的人都是中午回家吃饭的，如果他回到家，回过神来，告诉他岳父说两个律师去找过他，还做了笔录，该怎么办？两位律师立刻叫车，拉上行李，赶紧跑到火车站，坐上火车往贵阳去。到了贵阳没出火车站，一直等驶往上海的火车开动才安下心。

到了上海，翟建立刻写了一份情况报告，邮寄给了贵州省高级人民法院。在这份情况报告中，翟建的用词非常犀利，直接写道：在这起案件中，贵州遵义的公、检、法机关全面违法，违反我国《刑事诉讼法》确立的基本原则和根本制度，公安局刑讯逼供，检察院应当回避而不回避，法院剥夺被告人的辩护权。

办案札记

实际上，这起案件的难点在于如何在被告人命悬一线的情况下将他从"鬼门关"中拖回来，接受合法、公平、公正的审判，对于犯罪构成和量刑，并没有太多的争议。

最后，该案件经遵义市中级人民法院重审，被告人数罪并罚被判处二十年有期徒刑。虽然看起来二十年是那么漫长，但实际上，从死刑到有期徒刑，这个案件相当于将判决降了数个档次，从律师辩护的角度来看，已经是十分成功了。

上海和贵州远隔千里，在当时交通不方便的情况下，也不大可能为了取一张判决书再到贵州去。因此，审判长专门将判决书寄到了我们律师事务所，其中还有审判长写给我的一封信。

信开头的内容我到现在还记忆犹新："尊敬的翟叔叔，首先非常感谢你们，你们让我在这次审判当中学到了很多，也让我在审判生涯中获得成长，因此我不愿喊您律师，而是把你当作我应该学习的前辈……"这封信在全所引起了轰动，许多律师争相传阅、赞不绝口，在热烈的氛围中，我第一次在工作期间开了一瓶酒举杯庆祝，虽然喝得并不多，但让我十分惬意。那一瞬间，我第一次真正体会到律师的价值和意义，还有这份工作给我带来的幸福和满足。直到现在，这封信我还珍藏着，如同珍藏我人生中最为幸福的瞬间。能够用自己的努力去尽可能地改变身边的一些人和一些事，在其身处命运的低谷时伸出手帮扶一把，这难道不是我们生活与工作的最大意义所在吗？

翟建律师

为"上海价格"保驾护航

徐进

2023年11月28日至12月2日，中共中央总书记、国家主席、中央军委主席习近平在上海考察，第一站来到上海期货交易所。"上海铜""上海油""上海胶"等二十三个期货品种和九个期权品种在这里上市，"上海价格"正在成为国际贸易的定价基准。总书记强调，上海期货交易所要加快建成世界一流交易所，为探索中国特色期货监管制度和业务模式、建设国际金融中心做出更大贡献。

作为上海期货交易所的法律顾问单位，上海市联合律师事务所从20世纪90年代起就开始为期货交易提供法律服务，贝政明律师更是自交易所成立开始，就一直担任交易所监察委员会的专家委员，运用专业知识，为交易行为纠错，为行业发展护航。"上海价格"的影响力不断扩大，也有上海律师的一份功劳。

掉进对敲陷阱，投资者巨亏

"上海价格"，每天都在波动，跟随这根曲线，有人赚钱，也有人亏损。投资有风险，在入市的第一天，就应该有心理准备，但有的交易存在猫腻，造成亏损的原因也不是市场需求发生了变化，而是有人在幕后偷偷为你设了一个局。这其中，有不少局和对敲交易有关。

对敲，也称为相对委托或合谋，是指行为人意图影响证券（期货）市场行情，与他人通谋，双方分别扮演卖方和买方角色，各自按照约定的交易券种、价格、数量，向相同或不同的证券（期货）经纪商发出交易委托指令并达成交易的行为，即一方做出交易委托，另一方做出相反交易委托，依事先通谋的内容达成交易。

长期以来，期货投资人把对敲交易视作一种"理所当然"的交易行为，并默契地认为，如果被交易所查出，最多只是撤回交易，给予行政处罚，并不涉及违法。2013年发生的一起案件，打破了这个行业内的"默契"。

在这起案件中，受害者陈先生是个期货投资者，但他本人并不了解期货的相关知识。由于轻信可以赚取每日千分之一的固定收益，陈先生通过网络把名下的期货账户交给职业期货炒家操作。2013年4月，陈先生发现自己的账户对某个棕榈油期货合约进行了交易，由于该合约是远期合约，且交易不活跃，这次交易有点"异常"。与此同时，和陈先生账户发生交易的账户，在极短的时间内和另外一个账户也发生了交易，一番操作后，陈先生账户产生了三百九十万元的巨大亏损。还是那句话，如果是市场原因，陈先生"愿赌服输"，但一个交易不活跃的品种瞬间发生了多次百万元级别的交易，并因此造成陈先生巨亏，性质就不一样了。

上海期货交易所也发现了这次异常交易。"期货市场按季交割，一般情况下，远期交易因为等待时间较长、存在很多的变数，交易不是很活跃，成交量更小。一下子有几百万元的大单，肯定会受到交易所监管部门的重点关注。"贝政明说。

上海期货交易所同时发现，有两家期货公司参与了这次交易，上海期货交易所根据以往的监管流程，联系账户持有人，但实际操盘的交易双方却仿佛"人间蒸发"。"种种迹象表明，这并不是一起简单的对敲案件。交易所召集我们商量对策，我认为，这起案件不适用行政处罚，其本质涉嫌诈骗。"时任上海期货交易所监察委员会专家委员的贝政明律师说。

根据贝政明等专家的法律意见，上海期货交易所和陈先生达成三点共识：第一，当事人到公安局去报案；第二，期货公司提供一切协助；第三，交易中心根据公安局的侦查要求提供成交记录。

上海市公安局经侦总队接到报案后，立即组织专门力量，成立专案组立案侦查。通过向证监会的相关部门查询交易信息，专案组发现，为陈先生操盘的职业炒家所用的身份信息都是伪造的。与陈先生期货账户进行对手交易的期货账户，于案发前三天才在广州开设，仅在案发当天与陈先生账户进行了对敲交易，整个交易在短短几分钟内完成。得手后，该账户内的本金及获利资金在珠海市某商户内全部刷卡套现。

随着侦查的深入，警方发现受害者并不止陈先生一人，另外还有三起对敲交易情况和陈先生相同，一个在期货市场海量交易数据中掩饰不法获利交易信息的犯罪团伙浮出水面。在锁定交易数据的同时，警方也锁定了这一系列案件中的四名犯罪嫌疑人的作案轨迹。

2013年6月1日，上述四名犯罪嫌疑人来到珠海，准备以同样手法再次通过期货市场对敲交易进行诈骗犯罪时，专案组果断出击，一举将四人抓获。

不要将账户委托给陌生人

得知自己违法了，犯罪嫌疑人连称"没想到"。在他们看来，对敲交易只是"违反《期货交易管理条例》的违规行为"，他们还特意分析了交易所此前和对敲交易有关的通报，觉得"最多只是撤回交易，给予行政处罚"。

四名犯罪嫌疑人中的三人都是小有名气的期货操盘手，还有一人提供操盘资金。在发现期货市场的漏洞后，他们研究出了对敲方案：首先以提供配资保证金、高额融资利息为诱饵，骗得他人期货账户操作权，随后冒用他人身份信息开设期货账户，用于后期实施对敲交易。由于配资过程存在操作漏洞，犯罪嫌疑人仅提供二十万元的保证金，就获得了四百万元资金账户的使用权。在对敲交易中，这四百万元就成了可以"搬来搬去"的资金。

经浦东新区检察院审查，四名犯罪嫌疑人先后在燃油、棕榈油、线材、黄大豆二号等期货合约上进行对敲交易，并转移他人账户内资金，导致多名被害人损失合计七百二十余万元，四名犯罪嫌疑人非法获利共计五百五十余万元。

贝政明始终关注本案的进展，并积极履行了上海期货交易所监察委员的职责。2013年5月22日，上海期货交易所向会员单位发布警示函，提醒投资者，要高度警惕以"委托理财"名义对敲转移资金的违规行为，提高安全防范意识，加强交易密码管理，切实保障自身资金安全。

警示函指出，此类案件的受害人一般忽视委托交易的风险，认为只要控制住资金调拨权，自己最多只需承担投资损失，受托人没有获取委托人账户资金的手段，殊不知受托人可以通过在不活跃合约上进行对敲交易快速地转移账户资金。由于此类案件中的违法犯罪分子多在异地通过互联网实施对敲行为，盈利后从转移到取款的速度极快，投资者应提高安全防范意识，注意账户委托他人交易的风险，不要轻易将账户委托陌生人或所谓的"投资理财专家"操作。一旦发现自己账户出现异常交易，投资者应尽快修改账户密码，并向期货公司和交易所反映情况，必要时可及时报案，通过司法途径维护自身的合法权益。

"这起案件从案发到处理，很好地表达了期货市场'强监管，防风险'的态度。上海期货交易所以务实的态度，'零容忍'打击违法违规行为，切实维护了市场的安全平稳运行。"贝政明说。

办案札记

"上海价格"从无到有，再到正在成为国际贸易的定价基准，我是见证者之一。

1995年初，上海商品交易所成立后，我们联合律师事务所主任、时任上海律师协会副会长的朱洪超律师和我受聘担任法律顾问。在20世纪90年代后期，上海商品交易所和上海金属交易所、上海粮油商品交易所三所合并，成立上海期货交易所。上海是当时全国唯一一家以"期货"命名的交易所，在管理方面，由中国证券监督管理委员会垂直管理。

上海期货交易所成立后，我受聘担任监察委员会的专家委员。先前担任上海粮油商品交易所法律顾问的聂鸿胜律师，受聘担任调解委员会的专家委员。可以说，我和聂鸿胜律师几乎是看着上海期货交易所从无到有、越做越大的，也见证了国家为"上海价格"逐渐建立起完善的法律体系。对于我来说，基于平时工作的思考，以及对期货行业法律问题的研究，在《期货导报》（后更名为《期货日报》）上发表了几十篇关于期货市场规则、期货法律和案例的文章，其中一部分文章收录于时任上海期货交易所副理事长钟福棠主编的《期货交易纠纷案例评析》中并正式出版。在期货法律缺项的时候，我国期货市场的很多法律实务都参考了这本案例集评析。

目前，上海期货交易所的成交规模多年来位居世界前列，正朝着"加快建成世界一流交易所"的目标迈进。没有完备的法律体系，是无法取得如今成就的。作为一名见证者、参与者，我感到十分自豪。

贝政明律师

一人公司股东"侵财"，是否构成刑事犯罪？

冯慧

众所周知，一人公司（或穿透股权架构后实际为一人控制的公司）具有有限责任、决策效率的经营优势，有利于激发市场主体活力。但由于股东仅是单个自然人或法人主体，在经营过程中存在大量公私财产不分、财务制度不健全等情况，导致在司法实践中出现了有些一人公司自然人股东擅自处分公司财物后被认定为是犯罪的情况。

大股东涉嫌挪用资金

2006年，A公司成立，共有甲、乙、丙三名股东，其中甲占股95%，乙、丙共占股5%，实际上乙、丙是代甲持股，即A公司名为三名股东的有限责任公司，实系甲实际控制的一人有限责任公司，甲同时担任董事长。

在经营过程中，甲指令公司财务从A公司直接划拨五千余万元借给朋友丁用于业务资金周转，后因丁未及时归还该笔借款，A公司出现经营困难、资不抵债的情况，多名债权人先后向法院提起诉讼，要求A公司提前偿还债务，而后债权人得知甲未经股东会同意擅自将五千余万元借给丁，导致A公司出现前述问题，随即以甲涉嫌挪用资金罪向公安机关报案。

在侦查过程中，公安机关发现甲名下有一套住宅，住宅的装修费用约三百万元，费用亦是由甲从A公司账目上支出，公安机关认为该笔装修费用属于职务侵占行为，于是按挪用资金罪和职务侵占罪一并向检察机关移送审查起诉。

检察院以两项罪名起诉

王竞律师接受甲委托后作为其辩护人，与检察机关进行了充分沟通，就两项罪名分别提出以下观点。

针对挪用资金罪，其一，穿透A公司的股权架构，A公司虽名为三名股东投资的有限责任公司，但其实质是甲作为股东的一人有限责任公司，未开股东会擅自出借资金属于《公司法》意义上的违反公司章程、违背董事对公司忠实义务的范畴，但该公司最终利益归属指向为甲一人，甲的行为并未侵犯其他股东的利益，显然难以认定其具有社会危害性。其二，挪用资金罪保护的客体是公司利益，而A公司本身并未报案，债权人与A公司、甲之间属于经济纠纷，对经济纠纷使用刑事手段进行规制，显然也有悖于刑法谦抑原则。

针对职务侵占罪，王竞向检察机关提交了案涉住宅的照片，证明案涉住宅的装修风格属于商用，虽登记在甲个人名下，但实际由公司使用，使用公司资金装修行为难以被认定是甲利用职务上的便利将公司财物非法占为己有。

检察机关综合裁量后，最终还是以挪用资金罪和职务侵占罪将甲移送法院起诉。

二审判决不支持职务侵占罪

庭审中，辩护人申请公司相关证人出庭，证实甲名下的住宅实际上由公司招待客户、召开内部会议等用途。按理，甲提供个人房产供公司商用，还可以与公司签订合同向公司收取租金,但甲并未如此。从甲的角度而言,A公司是他个人所有的一人有限公司,即便个人房产为公司商务使用,也是"左口袋到右口袋"的问题。同样的逻辑,他认为从公司挪用资金也是挪用自己的钱款。很遗憾,一审法院审理后,判决认定两罪名均成立。

甲不服一审判决提起上诉,二审法院经审理认为,关于挪用资金罪的部分,所有者权益不应凌驾于公司债权人利益之上,如置债权人的巨额损失于《刑法》保护之外,则与法人独立财产制度明显相悖,且与《刑法》设立挪用资金罪的立法目的相去甚远,因此,法院认为甲挪用公司资金归个人使用且案发时尚未归还的行为客观上造成A公司债权人利益损失,社会危害性较大,构成挪用资金罪。

关于职务侵占罪的部分,法院采纳律师的辩护意见,认为甲装修其本人名下房产且用装修发票平账的行为虽不符合企业财务管理制度,但其直接或间接拥有A公司全部的所有者权益,主观上没有将该行为与其他挪用行为进行区分的准确认识,客观上也未参与平账行为的具体操作,不宜将该笔金额从其挪用资金的整体行为中割裂出来另行评价。最终二审法院判决甲仅构成挪用资金罪,对职务侵占罪不予支持。

办案札记

本案涉及两个罪名:挪用资金和职务侵占。这两项罪名是民营企业中常见的高管犯罪,也称"白领犯罪"。从本案的处理结果来看,尽管二审法院已经注意到本案中的甲直接或间接拥有A公司全部的所有者权益,但仍认为挪用资金罪所侵害的客体不仅包含了公司内部其他股东的权益,也包含了公司外部的债权人利益。因此,尽管本案中的挪用资金行为并未侵害其他股东权益,公司也没有报案,但仍被判决有罪。虽然我们认为法院在该判决中的观点值得商榷,但亦已足够引起有类似股权结构的公司的重视。关于职务侵占罪，我们赞同二审法院的意见，《刑法》终究看实质，而非拘泥于形式，本案中尽管房产登记在甲名下，但其用途及实际使用人是公司，甲没有明确的犯意，故不构成本罪。

本案是一项特殊公司形态的典型案例，对企业合规和一人公司涉刑问题带来了一定深度的挑战和思考，多数经营者此前并不在意一人公司的股东与公司之间存在关联和区分的重要性，然而在一些情况下，一些《公司法》层面上的程序瑕疵可能会导致股东涉嫌刑事犯罪。此外，从新《公司法》和《刑法修正案（十二）》的立法导向来看，新《公司法》内容有重大修订，其中之一就是对公司增加了大量的合规义务；而《刑法修正案（十二）》更是强调落实加大对民营企业的保护力度，将"非法经营同类营业罪""为亲友非法牟利罪""徇私舞弊低价折股、出售国有资产罪"等原仅针对国有企事业单位工作人员的罪名，扩大到非国有企业工作人员，体现出在立法层面对公司合规经营的要求愈加严格，对不同性质公司的平等保护也愈加重视。因此，我们提示广大经营者，在今后的公司管理中，法律意识亟待加强，需要高度重视刑事风险的防范与应对，在企业合规体系建立过程中，一定要引入底线思维和刑事风险标准，避免触及"红线"。

王竞律师

诈骗，寻衅滋事，还是催收非法债务

冯慧

随着三角债和执行难现象的大量发生，社会上"讨债公司"和所谓的"职业讨债人"纷纷出现，各种各样骇人听闻的讨债（包括非法债务）行为屡见不鲜，严重扰乱了社会秩序。为此，《刑法修正案（十一）》增加了"催收非法债务罪"这一罪名，用于规制采取暴力、"软暴力"等手段催收高利放贷等产生的非法债务的行为。上海市联合律师事务所占健明律师就曾经办理过这样一起涉嫌催收非法债务的刑事案件。

错综复杂，案情似是而非

2013年5月开始，从海外来中国大陆做生意的钱某某因资金周转需要，多次向做土方生意的吴某借款，吴某并没有直接以自己的名义出借，而是向朋友和老乡筹措资金后，以方某等六人为出借人借款给了钱某某，约定月利率为7%。此后钱某某虽然也陆续向吴某等人还款，但未能如期全部还清。2014年9月，吴某以平账为名，让钱某某补签了五份借款合同，并收取"砍头息"、空走部分流水，五份借款合同约定借款总金额为三千三百万元，月利率为7%，实际转账至钱某某账户二千九百三十六万元，随后回流二千七百五十八万元至吴某和他配偶控制的账户，钱某某实际得款一百七十八万元。

2015年6月，吴某再次与钱某某签订"担保合同"，写明钱某某欠其本息共计四百九十二万元。

此后，吴某等人在江苏、四川等地多次通过围堵、滋扰、挟持等方式向钱某某催讨债务，以致使钱某某无法正常生活和工作。2016年1月的一天下午，吴某得知钱某某在当地某咖啡馆内，遂伙同杨某、方某、周某等人陆续赶到，将钱某某围堵在店内，轮流催债，直到晚上咖啡馆结束营业，他们仍跟随钱某某回到家中，继续要债。晚上吴某安排杨某等人睡在钱某某家中，防止钱某某离开。后连续多日，吴某、杨某、方某、周某等人白天向钱某某讨债，晚上在钱某某家里过夜，钱某某精神高度紧张不能正常休息，导致心脏病发作，在其家人叫来120救护车急救送医时，还受到讨债方的阻拦。后经民警到场劝阻，钱某某才得以被送进医院救治。在钱某某住院期间，吴某还安排了杨某等人二十四小时贴身看守，并在病房内外大吵大闹，从早到晚不停地向钱某某施压。一星期以后，钱某某在他人帮助下逃离医院，摆脱吴某等追债人的围堵、滋扰，后离开中国大陆返回家中。

2021年，钱某某报案后，公安机关以涉嫌诈骗、寻衅滋事罪立案侦查，将吴某、杨某、方某等六人抓获，并移送检察机关起诉。

针锋相对，严厉指控与精细辩护

检察院审查后以犯有诈骗罪、寻衅滋事罪起诉各被告人。其中，指控被告人方某将出借款中自己的出资金额由三十万元夸大至一百三十八万元，骗使钱某某确认欠其本息总计二百十五万元，并陆续向方某还款。2014年9月，双方又签订了以房租抵债的协议，钱某某以其实际控制的某投资公司名下的一处商铺租赁给方某的妻子二十年，相应租金用于抵扣部分债务。2019年，方某又通过民事诉讼及调解方式，与钱某某就所有债务达成和解协议，钱某某向方某支付一百七十万元，结清所有债务。到案后经核算，钱某某共向方某超额归还了六十余万元，故被告人方某的行为构成诈骗罪。

检察机关又指控，2016年1月11日至20日期间，被告人吴某纠集方某、吴某某、杨某等人，在咖啡店、钱某某家、医院等地，以跟随、滋扰、不准离开等方式向钱某某讨债，严重影响钱某某正常生活，故被告人的行为构成寻衅滋事罪。

上述被告人均不认可诈骗犯罪的指控。被告人的辩护律师则认为两项罪名都不成立。被告人与钱某某之间的借贷关系是真实的，借贷金额与利率约定，均是双方真实意思表示，不存在诈骗的主观故意与客观事实，但各被告人都承认存在以不当手段向钱某某追讨债务的事实。

占健明律师系被告人方某的辩护人，他指出方某于2013年10月至2014年12月期间实际出借给钱某某的款项，包括方某与被告人吴某一并出借给钱某某的金额中方某个人出资的部分，至少达二百三十万元，而不是公诉机关指控的三十万元。该二百三十万元，既有被告人吴某归还给方某再出借给钱某某的款项，也有方某受让他人对钱某某的债权，还有方某根据钱某某的指示，转账至钱某某指定的收款人账户的款项。为证明上述事实，占健明向法院申请调取了被告人方某的银行流水，提交了由方某受让他人对钱某某债权的书面协议等证据材料，并统计出被告人方某与钱某某方（包括钱某某亲属及其他钱某某指定的人员）来往款项的明细，结合钱某某的报案材料、在案其他证据，以及被告人吴某的供述及当庭发问等，多次与审理法官核对借贷金额，最终形成方某实际出借金额加上应收利息大于钱某某实际偿还金额的结论意见。

根据这个出借金额及双方约定的利率计算，钱某某应当向被告人方某归还的借款本息，远超钱某某已经归还的部分，故不存在钱某某向被告人方某超额归还借款的情形。故诈骗罪不成立。

对于方某被指控寻衅滋事罪,占健明指出:2016年1月期间,方某对钱某某的债权尚未到期,没有催收的必要,且当时方某受雇于钱某某的公司,钱某某是方某的老板,双方关系正常,方某不存在为帮助吴某讨债,而去胁迫、滋扰钱某某的主观动机及客观行为。当时他到场实际上是应钱某某要求,来替钱某某与吴某进行调和的。

占健明认为,起诉书指控的被告人以"围堵""跟随""陪同"等方式向钱某某要债,该行为特征与寻衅滋事罪的"随意殴打他人""追逐、拦截、辱骂、恐吓他人"的法定情形并不相同,不能以寻衅滋事来给被告人定罪。

除此以外,占健明特别强调:依照我国从旧兼从轻的刑法原则,被告人的行为虽发生于2016年1月期间,但《刑法修正案(十一)》增加了"催收非法债务罪"这一新的法律条文。如若法庭认为钱某某欠被告人的债务系高利贷而属于"非法债务",那么被告人于2016年1月发生的行为,可适用新的法律规定即催收非法债务罪来定罪量刑(量刑低于寻衅滋事罪)。

明察秋毫　法院一锤定音

法院经审理认为:被告人方某等人并非职业放贷人,其与钱某某之间签订的借款协议,系双方真实意思表示,双方约定的月7%的借款利率,也是双方多年形成的惯例做法;虽然被告人使用了重新签订借款合同、资金走账流水等手段,这也是被告人基于双方之间真实债务所进行的平账;被告人虽然通过民事诉讼以租抵债等方式来实现债权,但主要目的是在于收回借款本金和高额利息。综上,被告人方某与钱某某之间的债权债务系双方真实意思形成,并不属于虚增债务金额、恶意制造违约等情形的虚假债权债务。

虽然被告人方某与钱某某之间月利率7%的债权债务系自愿形成,但根据法律规定,应当认定被告人属于高利放贷,催收的债务具有非法性。故各被告人为催收非法债务,采取骚扰、侵入住宅等方式向钱某某讨债,严重影响了钱某某的正常工作及生活,构成催收非法债务罪。

法院判决各被告人犯催收非法债务罪,分别判处有期徒刑十一个月至二年十一个月不等,并处罚金一万元至三万元不等。各位被告人均未上诉。

(本文涉案人员均为化名)

办案札记

本案审理中,公诉机关指控被告人犯诈骗罪,实际上是认为被告人具有套路贷的行为。所谓套路贷,是以非法占有为目的,假借民间借贷之名,诱使或迫使借款人(被害人)签订"借贷""担保"等协议,通过虚增借贷金额、恶意制造违约、毁匿还款证据等方式形成"债权债务"的违法犯罪活动。本案中辩护人向法院提交了方某的银行流水,钱某某的公司向被告人方某发放工资的证据,以及劳动争议仲裁笔录等材料,证明双方实际借款金额,以及被告人与钱某某之间存在劳动关系的事实,不存在套路贷的行为。

寻衅滋事犯罪规定与催收非法债务犯罪规定是一般罪名规定与特殊罪名规定的关系,即当被告人的行为同时符合寻衅滋事罪与催收非法债务罪的情况下,因寻衅滋事罪为一般规定,而催收非法债务罪为特殊规定,按特殊规定优先的法律适用规则,应以催收债务犯罪来认定。因非法债务罪的法定量刑较寻衅滋事罪更轻,又提出若被告人的行为同时符合寻衅滋事罪与催收非法债务罪的规定,则依照"从旧兼从轻"的原则,应适用催收非法债务罪的规定进行定罪量刑。

法院最终采纳了我的意见,认为被告人方某不构成诈骗犯罪及寻衅滋事犯罪,而以催收非法债务罪对被告人定罪量刑,且对被告人方某判处的刑期恰好是被告人方某被实际羁押的期限,方某于宣判当天释放。

占健明律师

四

十

年

—   —

四
十
案

民 事 诉 讼 篇

黄梅戏《红楼梦》官司调解始末

潘真

1993年，黄梅戏《红楼梦》编剧陈西汀撰文指控该剧艺术顾问余秋雨擅自改坏他的剧本，还要争"半个署名权"。仅凭这一面之词，上海一些媒体围攻余秋雨，陈西汀离休前所在单位召开声援他的座谈会，北京戏曲界不明真相的前辈也指责余秋雨。余秋雨委托江宪、朱洪超律师，全面调查该戏创作过程，向社会公布真相。

1994年，陈西汀又起诉安徽省黄梅戏剧院赴港演出《红楼梦》时侵犯他的著作权，并写信告到安徽省委宣传部。剧院委托江宪、朱洪超代理应诉，两人说服余秋雨以"独立请求权第三人"参加诉讼。作为1995年度最具影响力的官司之一，黄梅戏《红楼梦》案在作者权益、法律公正和社会影响之间权衡，最终以调解告结。

这场本不该打的官司，在为余秋雨正名的同时，也给社会大众上了一堂法律公开课。

未签合同埋下隐患，律师调查还原真相

1991年3月，安徽省黄梅戏剧院几番恳请时任上海戏剧学院院长的余秋雨教授，为黄梅戏策划一个剧

目。剧院倾向于改编《红楼梦》,希望请国家一级导演马科出任导演。余秋雨找马科商议此事,马科非常想与余秋雨合作。余秋雨提出对全剧的构思,两人讨论后达成默契。经同事推荐,余秋雨计划请老戏曲编剧陈西汀按其构思写初稿。

5月,黄梅戏剧院院长汪琪、副院长马兰到上海,余秋雨以总策划人、艺术顾问的名义,主持召开黄梅戏《红楼梦》策划会议。会上,他对《红楼梦》剧本(以下简称《红》剧)的整体构思和操作方法,赢得与会者的叹服。陈西汀愉快地接下写初稿的任务,并说:"'剧本'由余秋雨先生总体把握,非常关键!"

一个月后,陈西汀交卷。余秋雨读罢,写下七千余字的意见稿,交还陈西汀,希望他修改。书生意气的余秋雨,在与陈西汀合作时,从未有过签合同的念头,一心只想着怎样把剧本先琢磨好。谁知,就此埋下了隐患……

江宪、朱洪超律师接受委托后,奔赴安徽取证。黄梅戏剧院档案室里,原原本本收着有关《红》剧的所有档案,包括那份七千余字的《致陈西汀的修改意见稿》。之后,两人写下《关于余秋雨名誉保护的法律意见书》:

上海市联合律师事务所接受余秋雨先生的委托,指派朱洪超、江宪律师就陈西汀先生《酒不醉人人自醉》一文涉及对余秋雨先生名誉权侵害一事进行调查并提出法律上的意见。

律师认为:

一、黄梅戏《红楼梦》是根据小说《红楼梦》改编的演绎作品。陈西汀先生作为改编者执笔拟就初稿,依法享有著作权。陈西汀先生的权利已经体现在黄梅戏《红楼梦》剧本编剧署名上以及已经获取的报酬上。

二、余秋雨先生作为该剧的总体策划付出了大量的劳动,又具体参与了对《红楼梦》的改编。这点从1991年5月2日有关人员在上海新虹桥俱乐部相会,余秋雨先生谈了对剧本的总体构思,到1991年6月9日对陈西汀先生初稿阅后提出的14页7000余字的具体修改稿,以及亲自对剧本的修改和单独改编了第八场的一系列事实中可以确认。因为从构思到具体的意见、到实际撰写,是一个整体的创作过程。按我国著作权法的精神,余秋雨对该剧亦享有著作权。

三、根据我国法律,当事人有权处分自己的民事权利。余秋雨先生放弃对剧本著作权的主张是余秋雨先生民事权利的体现。

四、《上海戏剧》杂志刊登的《酒不醉人人自醉》虚构了余秋雨先生"为争半个著作权"的事实,并多次使用了侮辱性语言,丑化了余秋雨先生的人格。根据我国《民法通则》第101条,陈西汀先生的文章构成了对余秋雨先生名誉权的侵害。

五、余秋雨先生作为享有国际声誉的文化名人,在社会上有广泛的影响,律师注意到有些人对事实既不了解又不愿做调查,但却在公开场合散发侵害余秋雨先生名誉的材料,其行为同样构成侵权。

据此,律师正告一切侵权者,立即停止侵权,否则追究其法律责任。

……

这份意见书刊登在上海《法苑》杂志上,被广为传播,真相大白,有效遏制了侵害余秋雨名誉的势头。

涉案各方法庭相见,权衡利弊调解告终

鉴于陈西汀说自己的剧本被改坏,1993年10月黄梅戏剧院应邀赴港参加"红楼艺术节"演出,不得已改变署名方式,将"编剧陈西汀"改成"集体改编、初稿执笔陈西汀";在拍摄电视艺术片《红楼梦》时,也做如此改动。没想到,陈西汀在得知后,于次年3月一张状纸把黄梅戏剧院告到法院。8月,黄梅戏剧院委托江宪、朱洪超律师代理应诉。

江宪、朱洪超认为,关键在于法院能够辨明《红》剧的编剧这一成果到底由谁享有,或由几个人享有。大量事实证明,余秋雨和马科都付出过大量艰

苦的劳动，理应享有剧本的著作权，也就是说，真正的原告不是陈西汀，而是余秋雨和马科。他们说服了原本极不情愿的余秋雨出庭。此后，法院受理了余秋雨、马科以"有独立请求权的第三人"参加诉讼的请求。

峰回路转。著作权归属问不清，陈西汀状告剧院案就难以审理，法院只好撤销了原定开庭日期。双方律师各说各的，等待法院裁决。

此时，又有节外生枝。1995年1月7日，香港《明报》刊登了香港老报人罗孚的短文《文坛一苦事》，矛头直指余秋雨。余秋雨忍无可忍。在两位律师的参与下，3月2日，《新民晚报》资深记者钱勤发专访余秋雨，当天《影射文章颠倒黑白 诽谤之下名誉受损——余秋雨准备状告香港明报》一文见报。5月2日，余秋雨向上海市第一中级人民法院递了状纸。

同时，黄梅戏剧院在合肥市中级人民法院状告陈西汀。

三场官司，你中有我，我中有你，构成了1995年度中国最引人瞩目的官司之一。

10月，黄梅戏剧院状告陈西汀侵犯名誉权一案在安徽开庭审理。黄梅戏《红楼梦》被业界认为是一部艺术质量上乘之作，1992年获得第二届"文华奖"。因此，开庭那天，律师带去了"文华奖"评委之一李准的证词。另有当年应邀参加《红》剧策划会的上海市文联党组副书记乐美勤的证词。两份证词有力证明了严重损害黄梅戏剧院和《红》剧名誉的是陈西汀。陈西汀及其律师缺席了这次的庭审。

1996年3月，陈西汀状告黄梅戏剧院侵犯著作权一案在上海开庭审理。涉案的是国内获大奖的剧目，一方是年老编剧，另一方是艺术团体，中间又夹着文化名人余秋雨和导演马科。此案必须慎之又慎。怎样既维护当事人的合法权益，又做到法律上的公正，还兼顾社会影响？只有调解为上。

经过调查、质证、辩论，最后法院采纳了余秋雨和马科的意见，涉案各方以调解方式达成了协议。

《调解协议书》内容如下：

一、安徽省黄梅戏剧院恢复陈西汀的黄梅戏《红楼梦》编剧的署名；

二、安徽省黄梅戏剧院支付陈西汀人民币三万五千元；

三、黄梅戏《红楼梦》的创作、排练、演出过程凝聚了陈西汀、安徽省黄梅戏剧院及黄梅戏《红楼梦》艺术顾问、导演共同劳动的成果；

四、安徽省黄梅戏剧院与陈西汀就黄梅戏《红楼梦》一剧不再争讼；

五、本案诉讼费人民币一千六百一十元，由陈西汀负担三百一十元，由安徽省黄梅戏剧院负担一千三百元。

余秋雨状告香港《明报》一案，也达成了调解，由罗孚两次向余秋雨先生当面道歉。

办案札记

黄梅戏《红楼梦》是我经手的最难办的案件之一。

文人的真正生命，就是不断有作品问世。艺术质量上乘的《红》剧，由于人为因素进入"冷宫"，是件很可惜的事。

我与陈西汀先生无冤无仇，与我的当事人余秋雨、马科及剧院汪琪、马兰也非亲非故。但当我了解了《红》剧整个创作过程，并在诉讼中了解了我的当事人都是些心地善良的人时，我为《红》剧走到打官司这一步感到痛心。尽管如此，我们也不怪罪陈西汀先生，相信他是听了别人的误导，做出了错误的判断，左右了自己的行动，打了一场不该打的官司。

有的时候律师能力也是有限的，当一个当事人执意要打一场官司，如果你去劝他（不要打），甚至你不代理，或者你作为他的反对方，都是不恰当的。因为从职业来讲，你要维护当事人的合法权益。我们从事律师这行，不论对方是名人还是平民，就法律而言，只有理智地以法律规范就事论事，向当事人提供法律帮助。事实上，任何案件的成与败，并不掌握在律师手上。律师不是法官。律师应该追求的是，在一个案件中，该说的有没有为当事人说，该做的有没有为当事人做，说到底是将当事人摆在公平的位置上。

江宪律师

上海野生动物园老虎咬死人引发的争议

潘真

1999年11月17日，大巴士司机许伟星驾车送游客进上海野生动物园游览，在小东北虎区违规下车催促前面车辆，被扑过来的老虎咬伤致死。家属起诉园方，索赔三百万元。上海野生动物园委托朱洪超、江宪两位律师代理诉讼。本案最终以调解方式了结，上海野生动物园向许伟星家属支付三十万元。

当年这一社会热点案件的妥善处理，化解了社会矛盾，同时引发了公众的思考，给社会留下深远的警示。

"我对代理这个案子很感兴趣"

1999年11月17日，杨浦区少儿营地组织学生前往上海野生动物园参观游览，租用了上海市长途汽车公司的大巴士。上午11点，大巴士驶入小东北虎区，因前方车辆停下挡住去路，司机许伟星下车，拍打前车车厢，催促司机快开。不料，前车刚开走，当许伟星转身回驾驶室时，一只老虎向他扑来，抓住他一阵撕咬……观察哨工作人员听到车上师生呼救，电话通知园方派救援车赶到，驱走老虎，救下许伟星，迅速送往南汇县中心医院。11时40分,许伟星不治身亡。

动物园老虎咬死人,在上海滩历史上闻所未闻。这一社会新闻经媒体报道,成为当年上海的热门话题。人们尤其关注在这起事件中谁对谁错、如何了断。许伟星家属与园方协商不成,于2000年6月28日向上海市第一中级人民法院提起诉讼,要求园方赔偿三百万元。

消息传出,朱洪超律师正从广州返回上海,乘坐的东方航空班机上有当天的《劳动报》,头版的右上角正是许伟星家属起诉上海野生动物园的新闻。当时,随他去广州参加开庭的《劳动报》社会新闻部副主任王家骏就坐在旁边。两人仔细研究了新闻稿,看到许伟星家属已聘请国浩律师事务所吕红兵为代理律师,朱洪超和王家骏就野生动物园有没有责任、应不应该赔三百万元展开讨论。朱洪超问王家骏:"你和撰写新闻的记者阚军伟熟不熟?不知道野生动物园请了代理律师吗?我对代理这个案子很感兴趣。"

朱洪超认为,按照当时的法律规定,动物饲养人对动物有管理的义务;但是被害人由于自身原因造成的伤害,动物饲养人是免责的。"对方有没有举证是野生动物园存在过错?仅仅是一面之词,但大家本能地会认为老虎咬死人应该由动物园负责。我认为不一定,吕红兵这个观点有值得商榷的地方,我要到庭上和他辩一辩。"

回到上海,王家骏就跟采写那篇新闻的记者阚军伟通了电话。得知野生动物园还没聘请代理律师,王家骏便说朱洪超对吕红兵的代理词持有不同观点,并表示希望为野生动物园代理出庭。

经过沟通,上海野生动物园决定委托朱洪超代理诉讼。随后,江宪也参与进来。

"权利和义务都不是没有边界的"

接受代理后,朱洪超又从另一个角度思考此案:在认识到生命无价的同时，每一个人都是社会人，不能脱离社会而独立存在，必须遵循社会的秩序行事，必须对自己的行为负责，也必须注意自身的安全。法律给予每个人人身保护与尊重的前提是个人对自身权利的保护。专业法律人士有责任提醒每一位公民——作为社会人，必须要为自己的行为负责，特别是安全行为。权利和义务都不是没有边界的。这个案子，正是最好的教材。

在做了多方调查和充分的案头功课之后，朱洪超写下这样的代理意见：

我国《民法通则》第127条规定："饲养的动物造成他人损害的，动物饲养人或者管理人应承担民事责任；由于受害人的过错造成损害的，动物饲养人或者管理人不承担民事责任；由于第三人的过错造成的损害，第三人应当承担民事责任。"

本案的关键在于受害人的行为与损害结果之间是否存在必然因果关系。

此次老虎造成的侵害，是由于受害人的过错造成的。老虎伤人的危害是老幼皆知的常识。一般正常人的思维是绝对不会直接面对老虎的。受害人的车辆进入野生动物园大门时，检票人员就曾告诫他要遵守游园须知；野生动物园所公开的导游图、车入游览区大门时的警示牌均明确告知不可擅自下车；受害人曾经多次执勤野生动物园的特约班车，对于上述规定与游览路线环境是知悉的，当受害人看见前面有车辆想下车看看时，同车的吴伟勇曾警告他，而他却不听劝告，下车后才受到了老虎的攻击，而不是老虎爬入车辆攻击受害人。

上述几点足以证明：一、许伟星明知老虎有伤人的危险，在可以防止、避免的情况下擅自下车，进入了老虎的领地，将身体暴露在老虎面前，造成了被老虎侵害的结果。二、受害人擅自下车的行为造成了被老虎侵害的必然结果。行为与结果之间存在必然的因果关系。

至于原告所说受害人的死亡是由于被告"允许社会车辆入园的同时，却未能有相应的安全防范措施"，"对险情的发生未能及时控制，而且缺乏必要的急救措施"，对受害人命丧虎口的悲剧，被告有不可推卸的责任，朱洪超认为，这些理由均不能成立。因为：

一、衡量被告是否具备了相应的防范标准，是看游人在遵守了动物园所告知的游园规则下，是不是还会发生相应的伤害事故。因为正常的防范措施是针对具有正常思维能力、爱惜个人生命，明知会受到侵害的危险，会避免老虎伤人的义务人所制订的。

二、被告认为"被告在允许社会车辆进入园区的同时，缺乏必要的急救措施"不能成立。所谓"急救措施"，应理解为医院、手术室、血库、药房、专职医生和护士。应当说明，被告是公用事业单位，是为社会各界人士提供游览、增长知识的场所。按其职能，被告不必配备这种急救措施。被告观察哨在11时02分发现险情，立即用内线电话报告。11时06分出动五辆车到现场营救，并在十五分钟的时间里将被害人送到医院抢救。无奈被害人被攻击的是致命部位，最后不治身亡。由此，将被害人的死亡归罪于缺乏必要的急救措施是不当的。

三、原告所称的这些均与被害人死亡之间没有直接的因果关系。野生动物园开业至事发，共有十五万八千辆社会车辆进入园区游览，如果按照每辆车平均四十六人计算，总共有一百五十八万人次入园游览，而在这一百五十八万人次中，仅仅只有受害人一人被老虎侵害，而且他又恰恰违反了游览规则，擅自下车进入老虎的领地而被咬死。受害人受到的伤害，是由于其擅自下车所造成的，并非未能及时控制险情发生所引起的，更非缺乏急救措施而带来的。这也是经过一百五十八万人次的游览实践所检验的。因此，原告的上述理由，不能成为被告承担民事责任的依据。

四、高额精神赔偿没有法律依据。原告诉讼请求赔偿三百万元，其中精神赔偿二百七十七万元。这一高额赔偿在司法实践中尚属首例。应当指出：原告的高额赔偿要求，是不符合我国国情，同时也是于法无据的。早在1999年9月27日，上海市高级人民法院《几类处理民事案件的处理意见》通知中规定："精神损害的赔偿不能脱离国情，精神损害的数额应当在受害人主张的范围内酌定。至于具体数额，除了要考虑侵权人的过错程度，侵权的手段、方式，受害人的受害程度，侵权行为的社会影响等因素外，还应当与当地居民的实际生活水平相适应，盲目地追求高额赔偿而不加以限制，只会贬低精神损害赔偿的意义，误导人们追求不当利益。就目前上海市实际生活水平而言，精神损害赔偿以最高不超过五万元为宜。"显然，原告请求高于法定金额五十五倍的赔偿，是不可取的。

当然，鉴于本案的具体情况，朱洪超在开庭之前及开庭过程中，多次表示，不管法官如何认定本案，上海野生动物园愿意从道义上承担一定责任。从案件事实、本案证据、中国有关法律规定和法理精神以及人道、人情和社会责任等方面，朱洪超对上海野生动物园做了大量的协调工作，上海野生动物园最终同意向许伟星家属支付三十万元，以调解的方式了结此案。

办案札记

对所有案子的处理，都要有一个导向性，就是通过判案向公众普法，解决法律上的一些规定在实践中怎么来适用的问题。

野生动物园这个案子，我觉得还是留有遗憾的。因为这个案子是调解的，责任没有分清。对企业、对公民应尽的自身保护的义务，要有一个明确的说法。如果能通过判决来对这个责任进行说明就好了。

不过，通过对这个案子的辩论，大家可以知道法律是怎样规定的，这也算是遗憾中又带着一点欣慰吧。

朱洪超律师

蹊跷迷案去伪装 申诉还原现真相

冯慧

2015年11月1日，虚假诉讼在我国入刑（《刑法》三百零七条之一）。2021年3月10日，最高人民法院、最高人民检察院、公安部、司法部，共同发布《关于进一步加强虚假诉讼犯罪惩治工作的意见》。2021年11月9日，最高人民法院公开发布"整治虚假诉讼十大经典案例"，可见国家相关部门对虚假诉讼现象的重视程度。

2022年11月26日，张力（化名）找到了上海联合律师事务所胡雪律师团队，陈述冤情。律师们听下来，张力是因为被某法院强制执行不存在的债务而向他们求助，当时张力已经被列入失信人员名单，其名下的银行、微信、支付宝账户以及房产均被冻结、查封。而蹊跷的是，他压根不知道有这么一个案子。事情不简单，联合律师事务所决定接受他的委托，由此，一场不计报酬，只求真相的申诉活动拉开序幕。

刑满释放欲重生　失信名单来追债

2017年9月，张力在浙江某地被司法机关以隐瞒犯罪所得和虚开发票罪判处有期徒刑三年十个月。2019年4月，张力刑满释放回到上海，靠做些不固定的小生意养家糊口，独自抚养着一个年幼的孩子。

2021年8月16日，张力以前的生意伙伴李刚（化名）以与张力之间的买卖合同纠纷为由，向上海某区法院提起诉讼，要求法院判令张力返还购车款人民币一百一十四万元。

2021年10月8日，该法院以被告张力下落不明为由，向张力公告送达本案的起诉状副本、应诉通知书、举证通知书以及开庭传票。

2022年1月5日，法院进行开庭审理，原告李刚的诉讼代理人到庭参加庭审，被告张力却未到庭。庭审中，原告李刚向法院出示了包括原告向被告转账合计一百一十四万元的银行流水账单、机动车整车出厂合格证五份、被告朋友圈售车的截图证明若干、原告向被告催告购车款的挂号信一封在内的相关证据材料，还有被告于2012年设立个人独资有限公司时作为公司法人代表的工商登记档案。

2022年5月5日，该法院作出一审判决，判令原被告双方签订的买卖合同于2021年12月5日解除，被告张力应于判决生效之日起返还购车款人民币七十五万二千元。同日，该法院对这份判决进行了公告送达，公告期为三十日。

2022年8月10日，作为申请执行人的李刚就本案向作出判决的某区法院申请强制执行，执行标的额为人民币七十五万二千元。此后，被执行人张力被列入失信人员名单，被采取了限制高消费措施，其名下的银行、微信、支付宝账户以及房产均被法院冻结、查封。更关键的是，他名下的一套位于市中心的老宅正在动迁过程中，这意味着本案的申请执行人李刚已经具备了向法院申请对张力老宅动迁利益进行强制执行的权利。

扑朔迷离疑点重重　律师团队层层剖析

本案有以下几个疑点。

疑点一，原告李刚提供的银行流水等证据材料，能否证明本案原被告之间存在车辆买卖合同关系?

胡雪团队指出:根据他们的办案经验,当事人一般都会向银行申请调取其一段时间中的完整银行流水,这样更能真实地反映双方之间的经济往来,从而有利于法庭推断法律关系。但是,本案原告在原审中提交的银行流水单均为其刻意抽取的单日流水。

发现上述情况之后,经办律师立即要求当事人张力调取了涉案期间完整的银行流水,并对该账目进行了逐一核对。经过调查发现,双方之间的交易记录频繁,除了李刚向张力的转账之外,张力向李刚同样存在转账的情况。

据此,经办律师初步推断,原审判决中认定的买卖合同关系不成立。

疑点二,原告李刚是否故意隐瞒了被告张力的联系方式?

根据调取的《起诉状副本送达回证》显示,原审法院曾于2021年8月25日向被告张力的地址邮寄了起诉状及证据副本,但在快递单上并未载明张力的手机号码,这引起了经办律师团队的注意。此外,在法院卷宗中,还有一份《公告送达申请书》同样证实了胡雪团队的判断:2021年9月15日,原告的代理人以无法提供被告张力的手机号码和其他联系方式为由,要求法院公告送达本案起诉状副本等材料。

根据双方此前的银行流水记录显示,双方的关系十分密切,不知晓对方手机号码的可能性不大,据此可以推断当时张力未能参加庭审并非他的主观原因,而是对方别有用心对他屏蔽了开庭的信息。

疑点三,作出判决的原审法院是否穷尽了《民事诉讼法》第一编第七章第二节规定的"其他方式"进行送达?

最高人民法院印发的《关于进一步加强民事送达工作的若干意见》第十五条规定:"要严格适用民事诉讼法关于公告送达的规定,加强对公告送达的管理,充分保障当事人的诉讼权利。只有在受送达人下落不明,或者用民事诉讼法第一编第七章第二节规定的其他方式无法送达的,才能适用公告送达。"

胡雪团队指出：原审中，张力的居住地恰逢当地政府在实施旧城改造，如果原审法院向当地负责房屋征收的动迁组或居委会征询当事人联系方式，将很容易取得当事人张力的电话。原审法院显然没有穷尽《民事诉讼法》第一编第七章第二节规定的其他方式进行送达，不恰当地用公告送达的方式送达本案的所有相关材料。

疑点四，原审法院为何在没有任何书面合同证据或者交易沟通记录的情况下，认定双方存在汽车买卖合同关系？

胡雪团队表示，在当下微信、支付宝等工具十分普及的情况下，即便是小额交易、买卖也都会留下一定的痕迹，特别是买卖过程中一般都会留下关于讲价、交付方式、付款时间、催款、催货等记录，反观本案原审判决书中，原告并没有提交任何前述关于买卖的意思表示记录，在这种情况下，原审判决认定买卖合同关系成立不合逻辑，也与事实和法律相悖。

中级人民法院提审本案　撤销原判发回重审

2022年12月7日，胡雪团队正式向中级人民法院提出再审申请，并附上相关证据材料。九天以后，他们收到了中级人民法院发出的《民事申请再审案件受理通知书》，并出席了听证会。

2023年1月30日，胡雪团队收到中级人民法院发出的《民事裁定书》，中级人民法院认为：当事人张力的再审申请符合《民事诉讼法》第二百零七条第一项规定的情形。并裁定：一、本案由本院提审；二、再审期间，中止原判决的执行。

2023年2月8日，胡雪团队参加了再审开庭。

2023年3月8日，再审中级人民法院发出《民事裁定书》，其中载明，原审判决基本事实认定不清，由此裁定：一、撤销上海市某区人民法院一审民事判决；二、本案发回原审法院重审。

重审法院两次开庭　驳回对方全部诉请

2023年3月8日，胡雪团队收到中级人民法院关于撤销原判决的《民事裁定书》后，立即联系负责原判执行的某区法院承办人，提交了《终结执行申请书》等材料，自此委托人张力暂时摆脱了失信被执行人身份。

2023年5月5日，张力收到了某区人民法院的《应诉通知书》和传票等诉讼材料。

某区人民法院经过2023年7月20日和9月18日两次开庭审理，于同年10月11日，作出一审判决（重审），驳回原告李刚的全部诉讼请求。

2023年11月，胡雪团队的经办人与某区人民法院进行了核实，确认对方未就这一重审判决提起上诉。至此，委托人张力终于彻底摆脱了失信被执行人的身份。

办案札记

表面上看，本案中没有大型企业，也不涉及高昂的标的金额，算不上什么大案、要案。但是，对当事人张力来说，本案改变了他未来十年的人生走向。据经办律师了解，当事人张力的经济状态并不算好，刑满释放后，他只能以微薄的薪水抚养其年幼的孩子，而原审的错误判决所带来的影响，对他来说无疑是极大的、令人无法接受的。

我们认为，律师工作的价值，有时不仅体现在案件的标的金额上。本案中，从申诉代理开始，一直到再审、执行撤销以及重审阶段，办案过程一波三折，甚至经办律师在庭后还受到过相关人员的威胁及恐吓。我们的经办律师团队通过自身敬业负责的工作态度，承受住了外界带来的各种考验，最终不负当事人的信任。

对我们律师而言，如果说一份胜诉判决给当事人带来的满意度是100%的话，那么，一份临危受命、再审翻案的判决给当事人带来的满意度可能是200%。

胡雪律师团队

一套黄河路的拆迁房，到底值多少钱？

徐进

电视剧《繁花》高度还原了20世纪90年代黄河路"纸醉金迷"表象下的恩怨情仇，沿街一栋栋房子，藏着无穷无尽的故事，在王家卫之后，留待纪录片导演进一步挖掘。再往前追溯，黄河路上和上海解放前的地下党，甚至年代更久远一些的中国共产党中央特别行动科有着千丝万缕的关系，一幢幢老房子洗去铅华，却价值不菲。围绕其中一间房子的拆迁补偿，以及带有年代特点的参建，上海两家国企对簿公堂，争执不下。上海市联合律师事务所的朱洪超、江宪和高珏敏律师，作为其中一家国企的代理人，为这家国企挽回了七百多万元的经济损失。

老房拆迁十四年后起纷争

黄河路41弄，是一个有故事的地方。

根据刊登在《新民晚报》2020年11月1日第16版的文章《庆云里的秘密"智库"》：

1930年5月20日至24日，全国苏维埃区域代表大会在上海秘密召开。会场设在公共租界卡尔登戏院（20世纪50年代初更名长江剧场）后面的一幢四层楼房里（后门牌为黄河路41弄2—8号,原建筑已不存)。这是中央特科第一科(总务科)和第三科(行动科)相互配合安排的。为掩人耳目,特科人员临时挂起了私人医院的招牌。一楼是挂号门诊间,住着特一科的工作人员,二、三楼是病房,四楼为会议厅。开会时,各地代表以"病人"身份相继"住院",会议结束后,与会者分散住进各个旅馆,并迅速离开上海。

上海解放后,一些房产的所有权性质发生了变化。到了20世纪90年代,黄河路41弄内一处一百五十二点七平方米租赁公房的租赁权属于国企A公司。

1995年,因为上海城市发展需要,黄河路部分房屋需要动迁,其中就包括该处公租房。经过协商,有关方面达成安置补偿及参建协议,约定动迁折价为每平方米一万五千元,合计补偿款二百二十九万零五百元;同时,A公司再以每平方米一万六千二百五十元的闭口价(当时的参建价为每平方米二万二千元),参建黄河路南京西路口的C大厦不少于四百平方米(参建位置为主楼六至二十二层,朝向未定),约半个楼层的建筑面积;A公司拥有参建面积的永久产权。

后上述房屋被拆除,C大厦项目于1997年11月开工,但一直未建成。后项目停工并被拍卖。2009年9月,国企B公司通过拍卖,获得C大厦建设工程项目,并出资对C大厦在建工程项目进行建设并取得建成后房屋的产权证。在获悉C大厦完成外立面装潢、进入内装修阶段后,A公司向B公司发出公函,要求履行协议,即支付参建款六百五十万元、询问参建的楼层位置及要求B公司履行办理产权,等等。

B公司认为,现在的情况和十四年前完全不同,A公司的要求无法接受。

一审判赔七百一十六万元

在C大厦公开拍卖时,曾有过特别公示:拍卖标的原权利人与A公司等单位签有相关协议，竞买人已充分了解了包括且不限于上述协议，买受人需承担原权利人包括且不限于上述协议中确定的义务。

根据这一条，A公司起诉至法院，请求法院判令被告B公司履行C大厦在建工程拍卖特别公示中的义务，交付C大厦主楼六至十五层不少于四百平方米建筑面积的房屋及办理产权证。

B公司辩称，特别公示虽然提到原权利人与A公司有协议，但是对于协议确定的内容、权利、义务，以及双方合同实际履行情况，都没有经过法律程序加以确认。而且，在长达十四年的时间里，A公司未通过法律程序主张权利，也没有支付六百余万元的参建款，在履行原协议的过程中有过错，且原协议中的参建与现行法律不符，原协议不合法。B公司同时提出，如果A公司仅主张被动迁的一百五十二点七平方米，可以与A公司协商，按照目前市场价值，给予现金补偿。

法院审理后认为，根据原协议书约定，形式为参建，实质为房屋的预售、预购行为，作为商品房预售的双方应明确约定预售房屋的实际面积、楼层、朝向、付款时间、交房时间等要件。但事实上协议双方对此无明确约定。法院据此认为，A公司在1995年签订的原协议有关参建内容的约定行为无效。

法院遂作出一审判决：B公司补偿A公司房屋拆迁补偿款七百一十六万元，其余诉请不予支持。

二审裁定：发回重审

联合律师事务所接受A公司的委托，对本案提起上诉。在上诉状中，联合律师事务所精准地抓住了一审的问题，清晰地阐明了问题的关键本质。

首先，原审对于协议的性质认定错误，参建、预售不符合事实。协议的性质是动迁安置，这与协议来源于A公司一百五十二点七平方米房屋的事实相符，也与一百五十二点七平方米房屋被拆除的事实以及约定参建以安置被拆迁房屋的权益实质内容相符。参建只有文字、形式，没有实质，只为实施动迁、安置。所以在房屋建造过程中A公司无需支付六百五十万元参建款，也不存在房屋预售以及取得预售许可证的问题。参建条款中没有具体的交付日期、房屋的实际面积、楼层、朝向、交付时间等问题，恰恰与动迁安置的法律性质相符。

其次，协议无效明显错误。系争协议是一份合法有效的动迁安置协议。第一，合同双方的意思表示一致；第二，合同的主体合格，诉讼双方也无争议；第三，动迁安置的内容合法，以参建形式实施动迁安置，不违反法律、行政法规的强制性规定。并且，原拆原还、调换产权、支付差价都是动迁安置的特有内容，不仅与动迁安置的惯例相符，与当时的动迁实践相符，也与现在的动迁实际相符。原审认定有关参建的约定无效，明显错误。

关于协议的效力认定实际是一个法律难点，当时对于协议无效的规定是"违反效力性强制规范的，无效"，并且这个强制性规范的要求层级很高，《合同法》的司法解释规定必须是法律和行政法规这样级别的强制性规定，不是规章的规定，更不是一个政府机关的文件规定。正是抓准了这样的法律要义，联合律师事务所在上诉状中一针见血地指出了一审认定协议无效的错误，并在开庭代理时进一步论述无效判定的规则层次。上诉状同时指出，一审认为系争协议无效却没有说明违反了哪一部法律或行政法规的哪一条，很明显是没有这样的法律或行政法规规定，也不存在合同无效的情形。反倒是A公司在1995年签订的动迁协议时约定的动迁实施方案，适用1991年的《城市房屋拆迁管理条例》、1991年的《上海市城市房屋拆迁管理实施细则》、1995年的《黄浦区人民政府批转区动拆迁办关于拆迁企业单位公有非居住房屋安置补偿的试行规定的通知》。由此，系争协议完全符合当时的法律规定，内容合法。

在二审中，A公司还提供了1995年3月25日房屋拆迁许可证存根，以此证明协议动迁安置补偿的事实和实质。

二审法院做出裁定,撤销一审判决,发回重审。

重审认定:补偿一千四百三十万元

案件发回重审后,法院在进行了充分的审理调查后认为,根据目前C 大厦的使用状态,A公司要求B公司在该房屋中分割出安置面积并单列产权人,已不利于双方纠纷的解决,故法院对该项主张不予支持。在A公司不接受"以房换他处房"为基础的补偿安置方式的情况下,B公司表示对A公司的安置义务采用货币方式履行的意见,法院予以采纳。补偿标准在原评估报告的基础上,结合目前房地产市场价格由法院酌定,A公司依据协议应当支付的对价应从中扣除。

法院遂做出判决,B公司支付A公司房屋拆迁安置补偿款人民币一千四百三十万元,A公司的其余诉讼请求,均不予支持。B公司提出上诉,二审维持了该判决。

办案札记

本案系争协议通篇参建,A公司又在B公司建成C大厦后要求支付参建款,从这个角度来看,原一审从参建、预售角度去认定协议的效力及判定B公司的责任并无不当。就参建来说,当时也确实有参建无效的相关规定和司法案例;就预售角度而言,约定具体的交付日期、房屋的实际面积、楼层、朝向、交付时间等问题是预售合同的重要内容,是否取得预售许可证同样也是判定预售合同效力的一个重要内容。作为上诉代理人,如果困守于参建、预售,则跳不开原一审的认定,并且在参建无效基础上原一审也是从房产拆迁角度判决补偿款,那与重审判决的一千四百三十万元补偿款又有什么不同呢?

这里的差别就在于拆迁安置补偿与拆迁补偿的差别。就文字来看，仅仅是"安置"一词的差别；就金额来看，足足有七百多万元的增加；就实质关键来看，原一审判决参建协议无效后，就仅仅看一百五十二点七平方米租赁公房当时拆迁补偿款折算的二百多万元，十多年一直没有支付，判决七百一十六万元，就原一审来看已经充分考虑了资金占用成本以及相应房产的溢价。但上诉意见指出，安置补偿协议为有效协议，重审法院在判决补偿时就必须考虑到不仅有一百五十二点七平方米当时折算补偿款二百多万元的部分，还必须考虑以六百五十万元参建四百平方米房屋价值所在，因为是拆迁安置补偿的性质，没有先行支付并不丧失A公司对四百平方米权益，只是可能影响到权益的大小。因此重审判决完全接受我方的意见，判决B公司支付房产拆迁安置补偿，增加"安置"一词，增加七百多万元。这就是争议协议性质和协议效力不同的差别。

由此可见代理人在本案直指协议性质为动迁安置补偿、驳斥协议无效的精妙，通过另辟蹊径，直指本质。看似四两拨千斤，轻轻松松，实则厘清了案件的主脉要义。补强房屋拆迁许可证存根，证据简单，内容单一，却意在强化点明协议的来源——A公司原有的房屋意指房屋拆迁补偿与以参建为名实则安置补偿的明显不同及应有差别、应有提升。由此原一审被发回重审，重审后判决金额由七百一十六万元提高到一千四百三十万元。

本案对于当事人而言，实质利益明显提高了，历史问题也得以完美解决。对于代理人来说，最大限度地为当事人争取到了利益。对于专业法律人而言，将如迷雾般的案件事实化繁为简并还原出事实的原貌，体现了专业能力。

高珏敏律师

百万元团费差点"打水漂"

徐进

1997年3月，国家旅游局、公安部颁布《中国公民自费出国旅游管理暂行办法》，标志着我国出境旅游市场的形成气候。联合国世界旅游组织数据显示，自2012年起，中国连续多年成为世界第一大出境旅游消费国，对全球旅游收入的贡献年均超过13%。在出境旅游目的地增多、出境旅游需求扩大的同时，与之配套的出境旅游服务体系并不完善，游客针对旅行社的投诉、组团社和地接社的纠纷，因此引发的诉讼时有发生。上海市联合律师事务所的高珏敏律师曾代理一起境外地接社追讨团费的案件，虽然缺乏直接证据佐证，但通过对间接证据的梳理，还原了事实真相，也让出境游的"潜规则"浮出了水面。

旅行"潜规则"，团里多了十六人

H公司组建了一个培训团，目的地是风光旖旎的夏威夷。H公司为此和国有A旅行社签订了旅行接待合作协议。该A旅行社与夏威夷当地的一家地接旅行社有长期合作，就通过邮件与该夏威夷地接社沟通商讨H公司的这次夏威夷旅行事宜，比如地接社提供的行程安排、服务内容、费用、单价标准等。双方订立有长期合作框架的委托接待合同。

由于这次H公司的培训团旅行人员众多，在出团旅游前地接社便不断地要求A旅行社提供具体的人数和要求的报价，但A旅行社一直不予确认，并且不断变化和调整出团的人数和行程。此外，利用与地接社长期合作的关系，在出团前未支付分文团费（根据委托接待合同约定的合作模式，为"出团前支付80%的团费"）。

2014年1月28日，H公司的十个旅行团分批乘飞机达到夏威夷，地接社到场接待，开启为期十天的夏威夷旅程。由于地接社的服务周到妥善，H公司予以认可，在事后还出具了一份证明材料，即"在整个美国夏威夷活动接待过程中，未发生质量投诉问题"，以此表示对地接社的感谢。

但十天的旅程并非一帆风顺，期间发生了一些临时的变化和调整，如培训团分八个团两天到达夏威夷大岛，其中后到达的两个团不参加火山岛游览；另有二十五个学员不参加檀香山的游览，其余人因为航班原因拆分为九个团，其中七个团2月4日上午从大岛出发，下午游览檀香山，等等。当地接社按照实际的接待情况制作团费账单提交A旅行社确认结算时，A旅行社不予确认，拒绝付款。

很明显，以上这些不确定的人数和变化的行程早已给最后的结算埋下了"地雷"，这也给A旅行社带来"混""蹭"的便利。地接社坦言，在旅行过程中，存在人员数量的动态变化，从大岛到檀香山，看上去减少了二十五个学员，实际上反而比之前增加了一辆车（根据地接社提供的证据显示，在大岛的时候，接机八辆车，送机九辆车；在檀香山的时候，接、送机都是九辆车）。增加一辆车，既有航班原因，也是"潜规则"造成的，A旅行社不仅派了八个领队，还"硬塞"了十六个完全不相干的人进团。

据了解，这十六人并非培训团成员，H公司后来也因为这十六人的存在，在和A旅行社结算团费时，"惩罚性"地扣除了四万元。之所以说是"潜规则"，是因为在这十六人中，有一人是A旅行社的员工（并非领队），但在夏威夷之行中不承担任何工作任务,纯粹为蹭旅游而来。而这一现象在几百人的大团出游中时有发生,如果是一两个,大概就混过去了,一下"硬塞"十六个,"吃相"比较难看。

地接社不愿为这十六人"买单",在最后结算时,自然把他们的旅游费用计算在内。不仅如此,地接社觉得在人数动态变化的过程中,还有其他人"钻空子"。在向法庭提供的"案情说明"中,地接社无奈地表示:"偷带人员不止十六人,但作为地接社完全依赖组团社提供的信息,所以无力举证。"

术业有专攻,赖账无空间

经过反复确认,地接社最后认定这一次的夏威夷之行,共计接待了三百四十五人,因此产生了二十余万美元的费用,除去A旅行社在2014年1月28日到达夏威夷后交给地接社的三千美元现金,还有近二十万元美元的余款未收到。为了讨回这笔巨额团费,地接社的负责人多次从夏威夷飞来国内催讨。

在确认结算的交易方式后,A旅行社认为费用完全依赖自己的确认,不确认就可以不支付费用,由此拒付全部费用。该想法在非法律专业人士看来可能确实有一定的道理,当时地接社在找A旅行社商讨结算时,确实被A旅行社一概不确认并要求地接社举证团费账单各细目数量费用的要求给问懵了。但就专业法律人来看,这显然是极不诚信且无理的做法,法律是有智慧的,不会因为你不诚实、不讲信用、抵赖,就不用履行合同付款义务。

在反复催讨无果后,地接社只能把A旅行社告上法院。

在庭审中,被告A旅行社仍保持原来的意见,即对人数统计、行程安排,以及最后产生的团费,完全不认可;不仅如此,A旅行社还要求地接社提供培训团在夏威夷旅行期间的每一笔费用明细和单据。作为地接社的代理律师,高珏敏打了一个比方予以有力反驳:"这就好比你在网上预定了一只智能手机,在确认价格、下了订单后,商家送货上门,但你在商家收费的时候,却提出不认可订单的价格，并要求商家提供手机各个组件全部的购买单据，对账下来经确认再行支付。这明显没有道理。"

在庭审中，A旅行社表示："被告对于团队人数并无记录，无法提供具体人数。"又表示："旅行团中报名人数与最终成行人数不一致，被告仅认可成行人数为七十四人"。让地接社更加震惊的，是A旅行社还否认了八位领队的事实，表示自己只派出了两位领队。

高珏敏在庭审时表示，虽然人数和行程一直在动态变动，但大旅行团与2014年初到夏威夷出游是不争的事实，也得到了A旅行社的确认。有关八位领队是客观事实，是A旅行社派来组织监督旅游的，这一点是双方在邮件中确认的。三百四十五位游客和最初的数字不符，但在双方的邮件沟通中可以找到相关证据。因此，"被告作为出境游的服务提供商，签证、机票和地接旅行社的联系安排沟通确认，都是通过被告实现的。而且，一个三百多人的大团队，没有就具体事项事先约定明确，无法顺利成行，也做不到事后无投诉。现在被告说不知道团费，不知道人数，不知道行程，是明显的说谎行为"。

B法院审理后认为，本案原告为中华人民共和国领域外的当事人，原、被告之间系涉外法律关系。鉴于原、被告双方的约定，本院确认本案适用中华人民共和国法律，且本院对本案具有管辖权。原告提交的双方往来电邮真实反映了双方就本案所涉地接服务的磋商过程，被告始终以"不清楚、不了解"为由怠于举证，理应承担举证不能的不利后果。同时，法院在仔细比对了多项证据后，确认了原告地接社的实际接待人数为三百四十五人。为此判决支持了地接社的全部诉讼请求。

办案札记

本案乍一看是一起简单的案件，A旅行社因不履行付款义务而成为被告，但实际情况相当复杂。

首先，本案的基础事实是一个难点。团费是由人数、单价和行程构成的，但地接社没有一份证据能够直接证明：地接社拿不出一份被告盖章确认的文件，仅有出团前的账单和出团后的账单，以及邮件往来等间接证据。并且，地接社在团队回国后按实际情况制作的账单，给予了被告A旅行社人数和单价上的事后优惠折让，却没有证据证明是优惠折让，导致与出团前账单不一致。同时，大团队旅行一旦有临时调整就很难有书面的清晰证据，特别是在A旅行社本身带有的混和蹭的行为以及有意不予确认的情况下，地接社对于事实的举证证明实际困难重重。

其次，本案是涉外案件，实际履行的地点在夏威夷。本案三百多人的大团队旅行尽管是客观发生的事实，但由于发生在境外，对于三百多人旅行的实际情况，法院要完全弄清楚，并不容易。

但在我看来，如果抓住关键问题，精准运用法律，案件尽管复杂，但仍能迎刃而解。本案的关键问题，就在于A旅行社对有三百多人到夏威夷旅行，由地接社接待是确认的，A旅行社只是对人数、行程安排及最后产生的团费等的简单不认可。于是我首先向一审法院指出，根据《最高人民法院关于适用〈中华人民共和国民事诉讼法〉的解释》规定，"主张法律关系变更的当事人，应当对该法律关系的变更的基本事实承担举证证明责任"，应当由A旅行社来举证证明的内容，所以A旅行社的简单否认，不能成立其主张。根据这条法律规定，我又向一审法院提出，按照当时的《最高人民法院关于民事诉讼证据的若干规定》，即"有证据证明一方当事人持有证据无正当理由拒不提供，如果对方当事人主张该证据的内容不利于证据持有人，可以推定该主张成立"。按此规定，既然A旅行社认可出团，否认费用又不举证证明实际的人数、行程安排及最后产生的团费等情况，则成立该条规定的"持有证据无正当理由拒不提供"，由此依法可推定地接社主张的账单金额成立。此观点实际为法院充分接受，一审法院才会作出"被告始终以不清楚、不了解为由怠于举证，理应承担举证不能的不利后果"的判决认定。

同时，我还依据《合同法》规定的"法律、行政法规规定或者当事人约定采用书面形式订立合同，当事人未采用书面形式但一方已经履行主要义务，对方接受的，该合同成立"，提出"系争团队旅游服务已经提供，被告既然不认可原告出团后制作的账单，就应支持原告出团前夕制作的账单金额"。由此，我既成功锁定诉讼请求的依据，又解决了原告出团后账单与出团前账单不一致的问题。

经过一年多的诉讼，一审法院最终完全接受了我方的主张，为当事人成功追索回几乎已经放弃的团费。本案是一起巧妙运用举证规则、证明妨害规则等法律规定来弥补举证困难、证据本身不足的典型案例。本案也充分彰显我国法律的智慧，坚决打击不诚实、不信用的民事行为，坚定了境外人主体对我国司法的信心，也维护了我国法律公平公正的国际形象和权威。

高珏敏律师

赫本时光餐厅：外国逝者人格权保护第一案

王家骏

已故国际著名影星奥黛丽·赫本是一位出生于比利时、去世时居住在瑞士的英国公民。她与格利高里·派克联袂主演的《罗马假日》在伦敦首映，紧接着参加威尼斯电影节，最终获得巨大成功。她本人也获得第二十六届奥斯卡金像奖最佳女主角奖。晚年，奥黛丽·赫本成为联合国儿童基金会形象大使，并走遍全球为儿童权利疾呼。

奥黛丽·赫本在中国拥有众多粉丝。2017年前，一位奥黛丽·赫本的外国粉丝在参加苏州工业园区的一次活动中，发现当地一家名为"赫本时光"的餐厅擅自将奥黛丽·赫本的姓名、肖像用于经营活动。他和奥黛丽·赫本基金会有联系，遂将这一情况向基金会做了反映。奥黛丽·赫本的意大利籍儿子卢卡·多蒂认为上述餐厅行为构成侵权并拟在中国寻求法律保护。

这是中国第一起外国逝者人格权保护案，具有里程碑式的意义。

现场取证，承接案件代理

奥黛丽·赫本案是通过独立律师事务所国际联盟（ADVOC）的香港律所成员简家聪律师行转来咨

询的，联合律师事务所和简家聪律师行都是独立律师事务所国际联盟组织（ADVOC）的成员。因为上海距离苏州很近，简家聪律师行希望联合律师事务所协助案件的调查、取证工作。

接手案件后，联合律师事务所的律师在网上搜索相关信息，发现不仅是餐厅，一些培训机构和其他营业场所也存在对奥黛丽·赫本的侵权行为。综合分析相关信息后，联合律师事务所安排周晶律师和李菁律师从上海直奔苏州工业区，按图索骥在苏州工业园区现代大道和苏州大道东交叉口找到了那家名叫"赫本时光"的餐厅，发现里面从大堂到包厢，铺天盖地全是奥黛丽·赫本的巨幅照片，还有菜单、靠垫上，甚至连厕所门口都有奥黛丽·赫本的照片。周晶和李菁在苏州了解到，赫本时光餐厅的老板在苏州工业园区现代传媒广场五楼还开有同名的以奥黛丽·赫本为主题的高档餐厅。

回到上海后，联合律师事务所联系公证人员，一起去苏州固定证据。律师和公证人员在赫本时光餐厅点餐后开始拍照取证，餐厅服务员警惕地想阻止他们拍照，律师说自己是奥黛丽·赫本的粉丝，这里的环境太美了，想拍点照片发微信朋友圈，这样终于拿到了对方侵权的关键证据。

卢卡·多蒂获悉两家餐厅擅自在经营活动中大规模使用其母亲奥黛丽·赫本的姓名及肖像后，委托联合律师事务所全权处理维权事宜。

汇集涉外、知识产权、争议解决领域的资深律师汪丰、汪雪、李菁、徐新宇等组成了专业法律服务团队，对案件情况进行缜密分析并确定了详尽的维权方案。同时，律师团队在第一时间通过现场及网络公证，保全了侵权证据，从多个渠道收集、固定了被告侵犯奥黛丽·赫本姓名、肖像权益的关键证据。

三大难题，决定案件走向

拿到证据后，律师团队把诉状递交给苏州工业园区法院。但这起案件要最后胜诉，还要面对不少难题。

一是对逝者人格权的保护问题。

当时，《中华人民共和国民法典》还没有颁布和实施，而适用的《民法通则》则强调人的行为。对已故人士的人格权或人格权益的保护在当时仅散见于一些司法解释，并在一些案例中得到支持，像1987年天津市中级人民法院受理的荷花女案，对已故艺人的名誉权进行了保护，但依然缺乏完整的法律上的规定。而司法实践中也存在以"人格权"进行保护和以"人格权益"（因为人格权始于出生终于死亡）进行保护这两种态度，提出案件时需要对两种法理路径进行论述，根据对方的抗辩及法庭的意图取较容易接受的一种。

第二个问题是原告主体资格、人格权内容的法律适用。

对已故外籍人士的人格权或人格权益的保护由谁主张、人格权的内容适用哪国法律，在实践中均并无先例。此前仅见的已故境外人士人格权或人格权益案件为两起邓丽君案，而邓丽君为台湾地区人士，案件原告为邓丽君之兄，亦为台湾地区人士，故法院直接适用中国大陆法律，未进行涉外法律适用的探讨。本案中，由于原告卢卡·多蒂与其母亲奥黛丽·赫本的国籍（经常居住地）不同，故连接点与法律适用成为案件的重要争议点。

第三个问题是侵权责任的具体法律适用问题。

由于《涉外民事关系法律适用法》立法语言的宽泛性，对于"通过网络或其他方式"的解释存在歧义，故侵权责任的法律适用存在较大争议。若将"其他方式"解释为"与互联网相类似的媒体等方式"，则侵权责任的认定将适用侵权行为地法即中国法；若将"其他方式"解释为"除互联网外的任何方式"，则侵权责任的认定将适用被侵权人住所地法即意大利法。

条分缕析，掌握案件主动

律师团队逐一对遇到的法律难题予以破解。

奥黛丽·赫本是一位已故的国际著名影星,同时也是一位联合国儿童基金会的形象大使。所以,对其维权要上升到一个新的高度。律师团队从江苏省小学生课本中找到一篇讲述奥黛丽·赫本参与公益活动的文章,从而佐证了这位国际巨星身上所拥有的公益属性。中国的法律不仅要保护中国的公益人士,也要保护国际上的公益人士,这样,对于奥黛丽·赫本权益的维护,已经向英雄烈士方向靠拢。对于公益人士和慈善人士权益的保护,成为诉讼的一个重点。正是有了江苏省小学课本的这个连接点,对奥黛丽·赫本的权益保护从人格权延伸到肖像权,再延伸到姓名权,不仅要保护英文名字,还要保护中文名字。

关于原告的主体资格、人格权内容的法律适用问题,当时出台的《中华人民共和国涉外民事关系法律适用法》为破解难题提供了依据。律师团队认为,对于奥黛丽·赫本的国籍认定,是决定案件方向的一个关键。她是一名英国公民,出生在比利时,第二次世界大战时前往荷兰学习芭蕾舞,后来到美国发展并成为国际著名影星。她的第一任丈夫是美国人,一婚生的大儿子在美国,后来在瑞士二婚,二婚的丈夫是意大利人。她在意大利居住过很长时间,最后在瑞士终老。

经过梳理,律师团队认为,案件的当事人是奥黛丽·赫本的二儿子,他本身是意大利公民。《涉外民事关系法律适用法》明确规定人格权适用的法律是被侵权人住所地法。首先谁是被侵权人?奥黛丽·赫本已经去世了,那被侵权人就是她的二儿子,他是意大利人。律师团队进行了大量的检索,研究了各国法律之后分析认为,每个国家的法律对人格权的保护不尽相同,有的对逝者有利,有的对逝者不利,意大利法对案件的判决最为有利。为了成功说服法院认可意大利法,律师团队甚至找到了中国人民大学的一位专门研究意大利法律的教授,并拿到了意大利民法典的中译版本。

最后,对如何认定赫本时光餐厅是否具有赔偿能力,律师团队也进行了大胆创新。面对被告陈述餐厅亏损、无力承担赔偿金额的理由,律师团队在法庭上指出："请你打开'大众点评'，里面包含人均消费金额和点评数。仅凭点评数量乘以人均消费金额，你们餐厅已经赚取了很多钱。"这样，餐厅亏损的说辞不攻自破。

办案札记

2020年4月30日，苏州市中级人民法院就奥黛丽·赫本后人卢卡·多蒂提出的姓名、肖像侵权纠纷案件作出"(2019)苏05民终7188号及(2019)苏05民终7190号"终审判决，维持苏州工业园区人民法院的一审判决，判令两案件被告停止侵权、赔礼道歉，并分别赔偿损失人民币二十万元与十万元以及相关合理费用。

两级法院作出的侵权认定，为我国在涉外民事法律关系适用冲突规范情况下保护已故外籍人士人格权益的规则进行了探索。同时，法院还认定本案中奥黛丽·赫本女士的人格利益中兼具个人利益和社会公共利益，并认定了在考虑了知名度、明确指代关系、稳定对应性，以及我国相关公众对外国人的称谓习惯等因素后，"赫本"这一中文姓氏译名与奥黛丽·赫本女士具有稳定的对应关系，这对本案原告在后续向其他侵权人主张权利时将起到有利的作用。

这一案件集中体现了联合律师事务所律师团队向涉外专、精、尖业务领域的深度拓展。在法律问题日新月异、新技术、新商业模式层出不穷的二十一世纪，联合律师事务所律师始终保持永不落后于时代的学习、合作能力，还充分展现了将执业经验与客户需求相结合的服务模式，以"联合创造价值"为服务理念，为境内外客户提供专业、优质的涉外法律服务。

汪雪律师

《鬼吹灯》, 中国同人作品第一案

王家骏

　　2015年12月22日, 上海玄霆娱乐信息科技有限公司(以下简称玄霆公司)起诉张牧野等五名被告, 指控称《摸金校尉之九幽将军》(以下简称《摸金校尉》)一书使用同人要素构成著作权侵权及不正当竞争, 五被告对该书的推广构成虚假宣传。

　　《鬼吹灯》是张牧野(笔名"天下霸唱")创作的系列小说, 最早连载于2006年的天涯论坛。2007年, 张牧野将该系列作品的著作财产权全部转让给玄霆公司。后来, 张牧野自己创作了《摸金校尉》, 被玄霆公司告上法庭, 引起纷争。

　　该案系全国首例同人作品著作权侵权及不正当竞争纠纷案, 涉及文学作品人物形象保护范围的确定。案件判决后受到社会广泛关注, 被多家全国和上海媒体报道, 中央电视台"经济与法"栏目为本案制作专题节目《谁惹了"鬼吹灯"》, 并在黄金时间段播出。一审判决当年入选2017年度中国十大版权热点案件, 一审判决生效当年入选2019年度中国十大娱乐法事例。

　　王展律师作为玄霆公司的代理律师, 全程参与了此案的审理。

是侵犯著作权，还是构成不正当竞争？

张牧野系系列小说《鬼吹灯》的原创作者。2006年4月，原告玄霆公司与被告张牧野就《鬼吹灯》系列小说签订协议，将上述小说著作权中的财产权全部转让给原告。第三人经原告授权根据该小说改编拍摄电影《寻龙诀》并于2015年12月18日上映。

2014年4月12日，被告张牧野与先锋出版公司就小说《摸金校尉》签订协议，张牧野授权先锋出版公司独家享有该小说的出版发行权及转授权等权利。2015年9月27日，先锋出版公司授权群言出版社以纸质图书形式出版发行上述小说。2015年11月23日，第三人万达公司将电影《寻龙诀》海报授予先锋文化公司用于被控侵权图书相关宣传。先锋文化公司获得上述授权后，设计了小说《摸金校尉》图书的封面，先锋出版公司则负责小说《摸金校尉》图书文字内容的制作，两公司将小说《摸金校尉》图书的文字和封面内容制作完毕后再交由群言出版社出版。经比对，《鬼吹灯》系列小说与小说《摸金校尉》图书均为盗墓探险小说，《摸金校尉》中老胡、Shirley杨和胖子的人物名称、人物关系与《鬼吹灯》一致。但两者故事情节、故事内容则完全不同。

2015年12月22日，玄霆公司起诉张牧野、先锋文化公司、先锋出版公司、群言出版社、新华传媒公司为被告，万达公司为第三人。

原告认为，被告创作、出版、发行的涉案图书大量使用了原告作品人物名称、人物形象、人物关系、盗墓方法、盗墓需遵循的禁忌规矩等独创性表达要素，侵犯了原告著作权。即便不构成著作权侵权，上述行为也构成不正当竞争。此外，被告就涉案图书与电影《寻龙诀》有关的宣传推广行为，构成虚假宣传的不正当竞争。故诉请判令各被告停止侵害、消除影响、赔偿经济损失及合理支出共计二千万元。

被告辩称，《摸金校尉》是一部全新创作的新作品；被告使用电影海报、电影预告片、召开新书发布会等行为是被告正常履行合同的行为，并无虚假宣传的内容;原告主张的人物形象、盗墓的规矩和禁忌等并非故事情节,属于思想范畴,不应当受到《著作权法》的保护;张牧野使用自己创作的人物形象、设定、方法再创作,是行业中作者继续创作的正常方式,并不违反商业伦理道德。综上,被告既不侵犯著作权也不构成不正当竞争。

虽未侵犯著作权,但是构成不正当竞争

这起国内极受关注的"同人小说"第一案在上海市浦东新区人民法院一审宣判。

法院认为,《著作权法》保护的是独创性表达。涉案作品中的人物形象等要素源自文字作品,其不同于电影作品或美术作品中的人物形象等要素,后者借助可视化手段能够获得更为充分的表达,更容易清晰地被人所感知。而文字作品中的人物形象等要素往往只是作品情节展开的媒介和作者叙述故事的工具,从而难以构成表达本身。只有当人物形象等要素在作品情节展开过程中获得充分而独特的描述,并由此成为作品故事内容本身时,才有可能获得《著作权法》保护。离开作品情节的人物名称与关系等要素,因其过于简单,往往难以作为表达受到著作权法的保护。小说《摸金校尉》图书虽然使用了与原告权利作品相同的人物名称、关系、盗墓规矩等要素,但小说《摸金校尉》图书有自己独立的情节和表达内容,这些要素和自己的情节组合之后形成了一个全新的故事内容,这个故事内容与原告作品在情节上并不相同或相似,也无任何延续关系,不构成对原告著作权的侵犯。

因此,法院驳回了玄霆公司针对张牧野的诉讼请求。

庭审中,玄霆公司诉称,张牧野等五名被告在电影《寻龙诀》上映期间虚假宣传,如在《摸金校尉》图书封面中使用《寻龙诀》海报与预告片台词,发布《寻龙诀》上映信息,使用《寻龙诀》预告片作为《摸金校尉》宣传视频,在《摸金校尉》封面上和微博、微信文章中突出使用"鬼吹灯"字样等,均已构

成虚假宣传的不正当竞争行为。

法院审理后认为，《摸金校尉》封面的使用虽经第三人授权，但被告在使用经授权图片时仍应遵循市场竞争基本准则，不得侵害他人合法权益。法院由此认定，除案外人使用微博微信的行为外，被告的上述行为均已构成虚假宣传的不正当竞争行为。

法院遂判决先锋文化公司、先锋出版科技公司、群言出版社立即停止虚假宣传，消除影响；赔偿原告经济损失九十万元及合理费用十二万六千元，群言出版社承担部分连带赔偿责任，同时驳回原告其他诉讼请求。

办案札记

这个案子打了两年多时间，涉及几个内容。第一个内容是作者能不能利用原来的人物形象再继续进行写作，第二个就是涉及被告能不能利用电影《寻龙诀》的海报作为其图书的封面，这就是争议焦点。

后来法院一审判决认为作者创作的人物形象属于抽象的思想，不构成作品，作者可以继续使用，倾向保护作者的利益。

对于《摸金校尉》图书封面中使用《寻龙诀》海报与预告片台词，发布《寻龙诀》上映信息，这肯定不行，被法院判定侵权。

针对作者能不能使用原来塑造的形象继续创作，其实这个用专业术语称之为就是"同人作品"，人物也是一样的，但是故事不同。所以这个案子实际上属于"同人作品"第一案。

此后还发生了一个"同人作品"案件，一个叫江南的作者，写了一部《此间的少年》的小说，把金庸的很多人物都搬了进来，小说的背景是汴京大学，金庸的人物许多都成了大学生，江南通过这些人物重新演绎，讲的是大学校园里面的爱恨情仇。那个案子影响力也很大，但真正中国同人作品第一案，还是《鬼吹灯》。

《鬼吹灯》原著和《摸金校尉》图书中的人物都是三人组,讲的故事时间段也不存在谁先谁后的关系,所以让读者很难辨识到底谁是真正的原创原著,所以我们比较介意,诉讼因此而起。

王展律师

"封面人物"状告杂志侵犯姓名权和肖像权

徐进

杂志选用封面人物,是不是要经过当事人的同意?各方意见不一。影视明星钟某某认为上海广电旗下某杂志社未经其许可,把他用作封面人物,侵犯了他的姓名权和肖像权,起诉杂志社要求赔偿二十万元,并赔礼道歉。上海市联合律师事务所梁秋娜、李刚律师作为杂志社的代理律师,参加了本案的一审和二审。最终,本案以钟某某败诉告终。

杂志公益性之争:S杂志是不是公益杂志

本案的缘起,在于上海广电旗下某杂志社的S杂志2021年第九期(总第一千六百一十三期)使用了中国香港籍演员钟某某照片,包括三张现代装照片和两张钟某某出演影视剧时的剧照。杂志社认为,照片来源合法(三张现代装照片由杂志社购买自"视觉中国"网站,系钟某某出席某商业活动的新闻照片,现场允许新闻媒体、艺人粉丝拍摄),且S杂志自2013年起多次采访钟某某,曾有十三期杂志以钟某某照片为封面,钟某某也认可这一模式,并多次提供签名照。

不过,这一次钟某某却认为涉案杂志封面的肖像不属于合理使用,侵犯了肖像权。这就引发了本案的第一个争论点:S杂志是不是公益性杂志?

1982年创刊的S杂志是上海广播电视台下属的一家文化类新闻性周刊,是全国广播影视著名品牌期刊,其主要内容是为读者提供国内外演员、影视剧资讯和时尚风向,随刊附送沪上电视各频道、央视、各地卫视节目表。

对于S杂志是不是公益性杂志,钟某某方面认为,杂志并非向社会公众免费发放,消费者需支付对价才可获得杂志,此外,杂志作为上海电视类刊物发行,但与电视相关的内容较少,且存在大量商业广告,杂志社亦有对外投资的经营活动。因此,其本质上属于营利性杂志,不具有公益性。

梁秋娜认为,S杂志并非商业杂志,而是公益性文化新闻周刊。

首先,杂志社是全民所有制单位,旗下记者编辑持国家新闻出版总署签发的记者证上岗。S杂志是新闻媒体,也是上海宣传系统一大文化品牌,相关文化评论多年来一直受上海市文化基金会支持。本案涉诉的S杂志内容是对钟某某新剧的报道与宣传,在新闻报道中属文化评论类稿件。

其次,判定刊物的属性应着眼于刊物的实质内容和办刊宗旨等,而报刊售卖、刊登广告是纸质新闻媒体得以维持运营的正常且必要方式,不是判定其是否为营利性商业刊物的唯一标准。S杂志发行主要通过邮局订阅(占比95%以上),同一年度每期杂志印刷量固定,不会因封面人物的不同而特意加大或减少印刷量。此外,S杂志在一直持续亏损的情况下依然坚持出版发行,体现了公益性,而不是以营利为目的。

《民法典》条文之争:使用肖像权要不要付费?

2020年5月28日,第十三届全国人民代表大会三次会议表决通过了《中华人民共和国民法典》(以下简称《民法典》)。这部法律自2021年1月1日起施行。本案发生在《民法典》施行之后,社会各界在对法条的理解和认识上并不统一。

　　本案涉及的是肖像权,在《民法典》中有二十一处提及"肖像权",在已被废止的《民法通则》中,只有两处提及。对于肖像权的保护力度是增大了,但值得注意的是,《民法通则》第一百条规定的"公民享有肖像权,未经本人同意,不得以营利为目的使用公民的肖像",在《民法典》中并没有"不得以营利为目的"的表述。

　　这成了本案的第二个争论点。

　　钟某某方面认为,根据《民法典》第一千零一十九条的规定,未经肖像权人同意,肖像作品权利人不得以发表、复制、发行、出租、展览等方式使用或者公开肖像权人的肖像。由此,钟某某从未对涉案杂志封面的个人肖像进行任何形式的让渡或授权,即使S杂志社自"视觉中国"购买了涉案照片,但若使用该照片,仍要获得肖像权人的同意或授权。

　　梁秋娜认为,《民法典》和《民法通则》在肖像权上的一些不同论述,并不能推导出"不管是商业目的,还是非商业目的,使用肖像,就要付费"这一结果。对《民法典》的条文不能片面理解,比如《民法典》第九百九十九条规定,为公共利益实施新闻报道、舆论监督等行为,可以合理使用民事主体的姓名、肖像等。《民法典》第一千零二十条规定,为实施新闻报道,不可避免地制作、使用、公开肖像权人的肖像以及为艺术欣赏的目的,在必要范围内公开使用肖像权人已经公开的肖像,可以不经肖像权人同意。

　　梁秋娜在庭审时表示,涉案杂志内容系对钟某某新剧的报道与宣传,在新闻报道中属于文化评论类稿件,刊登其剧照及生活照,其目的是为了实施新闻报道,不存在借用其形象进行商业推广的情形。"从影视类杂志的特点来看,必须使用大量图片。将钟某某作为当期杂志报道文章的主要内容置于封面并放大的做法符合影视类杂志的通常做法。"

新闻报道公益性决定本案判决结果

　　一审法院认为,从使用效果来讲,涉案照片和文字均未丑化、污损钟某某，且系完全肯定、高度赞扬，对钟某某公众形象有积极意义；从使用方式来讲，在使用钟某某照片及在涉案文章中，并没有利用钟某某肖像做广告、商标，钟某某照片及涉案文章中并无任何商业元素，未给读者产生以钟某某肖像及姓名做广告、进行产品推荐的观感；而且，从整体上讲，涉案杂志内页虽刊登商品广告（六十四页内页中，有两页为整页广告，另在共计十四页的收视指南中，有七页在页面右边角刊登了共计七种商品广告），目录页亦标有广告许可证号及广告经营主体，但此种广告经营是作为纸媒生存运营的方式存在。

从影视类杂志的特点、杂志属性、使用目的、方式、效果等考虑，一审法院认为，杂志社使用钟某某肖像系对钟某某肖像的合理使用，同时杂志社在报道文章及其标题中不可避免出现钟某某姓名，并非以干涉、盗用、假冒等方式侵害钟某某姓名权。故，对于钟某某方面的全部诉讼请求，法院不予支持。

由于对判决结果不服，钟某某方面提起上诉。二审法院审理后认为，虽然杂志社未经钟某某许可在杂志中使用其肖像和姓名，但综合考虑《民法典》中肖像权和姓名权保护的相关因素，难以认定杂志社的行为属于侵害钟某某肖像权、姓名权的行为，故其无需承担相应的民事责任。

值得一提的是，二审判决书中对新闻报道的公益性，做了特别说明，原文如下：

需要指出的是，《民法典》创造性地设置了人格权编，彰显了法律对人格尊严和人格利益的重视和保障。

与此同时，新闻媒体担负着重要的新闻报道和舆论监督的公共使命，有利于社会公共利益。

在纯粹报道新闻的媒体之外，为人民群众提供丰富多彩文化产品的娱乐资讯类媒体亦不可或缺。演艺明星作为社会公众人物，享有法定的人格权，在享受社会关注给其带来的诸多便利之外，应当在具体权利行使的过程中为公共利益让渡部分权利，理解并支持新闻媒体对其人格权的合理使用。

本案中，若法院支持了上诉人的诉讼请求，将会打破法律保护个人人格利益和支持新闻自由之间的平衡，使现行出版发行数十年的全国众多文化新闻类刊物举步维艰，无法全面及时满足人民群众对影视类文化新闻的了解和欣赏，与社会公共利益不符。

办案札记

如今，公众人物和新闻媒体之间"相爱相杀"的戏码愈演愈烈，一方面，公众人物需要媒体报道维持热度，另一方面，公众人物也饱受某些不良媒体负面评价和侵权之扰。随着《民法典》的出台，公众人物运用法律武器维权的意识不断加强，起诉媒体侵犯肖像权的情况频频发生。

我们支持维权，但过度维权，甚至以获取额外的经济利益为目的去维权，不值得提倡。从本案看，如果杂志社败诉，会推导出一种不好的联想：《民法典》对肖像权、姓名权的保护可能成为公众人物滥用权利的武器，由此给新闻媒体带来很多负面影响，比如媒体不能对公众人物进行评价和报道，否则就是侵犯肖像权和姓名权，要支付高额的肖像权和姓名权使用费。

全国其他同类型广电类报刊共三百二十五种，其他类型的新闻报刊基本都有文娱版面，刊登影视明星照片以配合报道是该类报刊的通行做法。如果法院对高额的肖像权费予以支持，不排除其他明星跟风效仿，一而再、再而三地向新闻媒体索要"天价肖像权"。

如果任由公众人物以肖像权为由肆意践踏新闻报道权，无疑会在社会上产生巨大的负面影响。

梁秋娜律师

一起保障性住房交房的群体维权

王萌萌

群体诉讼,又称集团诉讼,是指当事人一方或者双方人数众多,由该群体中的一人或者数人代表群体起诉或应诉、法院所作判决裁定对该群体所有成员均有约束力的诉讼。

20世纪90年代以来,群体诉讼制度在民事诉讼中的地位与作用得到了突出和强化,证券欺诈、环境侵权、征地赔偿、房屋拆迁、劳动争议等案件越来越多地通过群体诉讼方式来加以解决。

上海市联合律师事务所的马康年律师曾代理多起有影响力的群体诉讼案件。2008年,本案原告菱翔苑小区业主慕名前来,委托马康年律师代理起诉菱翔苑开发商违约。经过半年多的两轮诉讼,一百多起案件全部获得胜诉。被告方菱翔苑开发商按判决应承担违约责任对原告进行赔偿,并继续承担全面履行合同的义务,即与业主办理房屋所有权相关手续,最终案件执结顺利进行。在群体诉讼类案件因各种原因被严格限制,甚至大量消失的当下,回顾此案能带来一定的反思与启示。

开发商违约,小业主求维权

2008年,位于上海市浦东新区周浦镇菱翔苑的业主们本就因所购商品房不能如期交付而烦恼，偏巧临近一个小区开发商携款潜逃海外，导致楼盘工程烂尾，这更加激起了菱翔苑业主们的忧虑，担心将来面临同样的境地。说来也巧，沪上多家媒体刊登了上海万邦都市花园五期业主因无法办理小产证而将开发商告上法庭，集资出钱聘请多名律师打官司，最终赢得诉讼获得违约金赔偿的报道。在看到报道后，几名菱翔苑的业主来到上海市联合律师事务所，找到当初在"万邦都市花园五期案"中代理了一百九十五户业主起诉的马康年律师，希望他能代理起诉菱翔苑小区开发商违约。

马康年在仔细倾听业主诉说，详细了解小区具体情况和事情原委后，接受了委托。这是基于两点做出的决定：首先，他此前有过多次代理很有影响力的群体诉讼案件，并赢得诉讼且顺利执行的经验；其次，他深知在此类期房开发商违约的案件中，小业主的维权之路十分艰难。若是单个业主提起诉讼，不容易引起重视，若是多名业主组队反映情况，又容易引发群体性事件，他希望能再次为当事人解决困扰，同时为社会的和谐稳定做一些贡献。

聚沙成塔，以模式创新启动案件

经调查了解得知，菱翔苑小区开发商是因将大笔资金挪作他用，没有向政府相关部门完全缴纳应缴付的费用，致使大产证办理延宕，继而影响了业主们小产证的办理。

根据此前代理同类案件的经验，能否将一百多户业主团结起来，是启动案件的关键。马康年跟随几名热心肠、有号召力和行动力的业主代表，来到菱翔苑小区，跟业主们见面，听取大家的诉求、解答大家的疑问，请愿意委托他提起诉讼的业主报名并进行统计。

据调查，菱翔苑属于保障性住房，业主们大多为当地居民和打工者，整体收入处于中低水平，多数业主是省吃俭用才购置了菱翔苑的商品房。

马康年向业主们表示，报名起诉的业主只需要每户先出几百元的手续费，用于诉状等法律文书的工本、律师办案的交通等费用，余下的律师费等案件胜诉，赔偿款执行到了之后再补齐即可。如此积极真诚的工作方式和胸有成竹的自信态度，使得马康年迅速赢得了菱翔苑业主们的信任，一百多户业主先后报名参与了诉讼。

打有把握之仗，执行才是硬道理

虽说此案被作为群体诉讼案件来看待，但每一户业主的起诉都是单独的案件，都要单独准备材料、写诉状、走程序。这一方面意味着巨大的工作量，比如说每一份材料和诉状都要根据购房合同核实清楚，原告要与购房者的姓名与人数一致，要求赔付的金额要根据每一份合同的购房款按比例和时间计算。另一方面，在保证这些具体信息不出差错的前提下，诉状和材料的大部分内容可以根据固定模板复制，这就像从"零售"到"批发"，掌握有效方法就能事半功倍，达到当事人与律师互利共赢的理想预期。

为了打有把握之仗，马康年早就调查清楚菱翔苑的开发商有几套商品房未出售，他拿自己的房产证作为担保，说服法院将那几套未出售的房子查封。此行虽然有一定风险，却为将来胜诉后的执行做了保证。由于立案程序复杂且工作量大，马康年带着助理前往法院办公室，协助进行诉状的电子文本输入，推动案件受理、审理各项工作顺畅进行。

原上海市南汇区人民法院于2007年9月21日作出一审判决：菱翔苑开发商上海菱朝置业有限公司未能在合同规定的期限内交付房屋，应当承担违约责任，向业主支付违约金，违约金按照业主已支付的房价款每日万分之一计算，违约金自合同约定的最后交付期限之第二天起算至实际交付之日止。

判决后，菱朝置业有限公司不服，提出上诉。业主被上诉人不同意上诉人的上诉请求，要求二审维持原判，驳回上诉。上海市第一中级人民法院审理后认为，菱朝置业有限公司的上诉请求缺乏事实和法律依据，不予支持。

原审法院所作判决正确,予以维持。据此,依照《中华人民共和国民事诉讼法》第一百五十三条第一款第(一)项之规定,判决如下:驳回上诉,维持原判。

对马康年来说,这一系列案件的胜诉可以说毫无悬念,因为小业主支付了百分之百的购房款,就应该按照合同如期拿到房子和小产证。然而,关于赔偿金部分,该怎样执行到位?好在有之前请法院查封的几套未售商品房,将这几套房子出售之后所得款项,通过与相关银行合作,以银行转账的形式分别发放给每一户原告。如此一来,菱翔苑的小业主们在成功维权后,实实在在拿到了赔偿金。

一 办案札记

在律师同行里,代理过的民事案件达到四位数的人,可能不多,因为一个人时间精力总是有限,行业内竞争激烈也使获得案源并非那么容易。而我却不然。我代理过许多群体诉讼案件,此类案件的当事人少则十几个,多则几百个。行业内办理委托手续、收费和计算案件件数都是按委托人个人或户数计算,所以我从业至今代理过的民事案件早已超过千件。

我代理过多个很有影响的群体诉讼案件。如代理几十个投保人起诉某寿险公司单方终止住院医疗费补贴附加险纠纷案件,代理某啤酒上海公司几十个营销经理诉该公司的加班工资劳动争议仲裁案件,代理某高档小区几十户业主诉香港开发商和底层业主侵占公共通道和公共面积的合同违约和相邻纠纷案件。

法律的生命在于实施,不告不理的被动司法特征决定了群体诉讼程序不可能由法院自发开启,而是由潜在诉讼群体中积极、活跃、热心公益的倡导者自愿为本人及其他有相似处境者起诉;或是由对群体诉讼有兴趣的律师,由于单个诉讼标的小、收费低,执业律师通常因酬劳少而缺乏兴趣,但如果合并为群体诉讼,诉讼标的额扩大，收费标准上升，而调查成本基于规模效应并不成比例增加，可以为律师带来较大经济收益和社会效益。在此情况下，律师亦可能以当事人为依托成为群体诉讼的积极倡导者。同时，群体诉讼在民间具有天然的自发性，如果控制、引导适当，群体诉讼将会对法律的自动实施产生有利的影响。

然而，近十多年来，出于种种原因，群体诉讼的优越性并未引起政府、司法系统和社会各界的积极响应，但对于像菱翔苑一案中小业主这样的当事人而言，没有群体诉讼的合力和擅长代理群体诉讼律师的帮助，单纯依靠自身力量维权，很难与对手抗衡。

大量群体诉讼的自行消失，在某种程度上是对违法者的纵容。在政府执法能力有限、处罚力度不足以抵消违法利益的情况下，只会导致出现大量的法律死角和盲区，不利于法治社会与和谐社会的形成。这些问题值得我们每一名法律从业者关注并深思。

马康年律师

一桩姐弟官司的"证据战"

潘真

这是一桩不大的民事诉讼案。原告是弟弟，被告是姐姐。弟弟因婚姻触礁，请姐姐代持一套房屋。若干年后，房价涨了，姐弟俩打起官司来。代持房屋，姐弟之间签过书面协议吗？谁交的首付？证据在哪里？一场官司给社会大众上了一堂实用的法治课。

原告请求物权，可能要败诉

原告于1999年1月订购讼争房屋一套，房价近五十万元。同月20日，原告支付首付款十五万余元，其中十五万元以某公司（家族企业，其父担任法定代表人）以支票方式代付。预售合同登记权利人为原告。原告于当年5月以被告名义重新签订预售合同，登记备案权利人为被告并注销原登记备案合同。首付款发票重新开具付款人为被告。嗣后，原告以被告名义申请商业贷款，《借款合同》《抵押合同》及公证书均以被告名义签订实施。讼争房屋于1999年11月交付使用，原告办理进户手续并进行装潢出租。被告于2000年3月取得讼争房屋的《房地产权证》。被告于2003年3月诉请原告搬离讼争房屋。原告则于同年5月诉请确认其为讼争房屋之权利人。

"这个案子朱洪超律师叫我一起参与,我一看就觉得原告可能要败诉了,因为他请求的是物权,房子的所有权挂在他姐姐的名下,他要把它拿回来。"寿如林律师说,此案争议焦点在于,原告诉称:其与妻子于1999年5月发生婚姻纠纷,故与其姐(被告)商定,由她出面购房并"代持",待婚姻纠纷解决后再将房屋变更回原告名下;购房资金(含首付款及商贷还款)、装潢款均由原告支付承担。而被告辩称:原告与妻子发生婚姻纠纷,要求被告购买讼争房屋;首付款系被告支付,商贷手续也是被告名义,讼争房屋系被告所有。

问题出在哪里呢?因为原、被告是姐弟关系,很多东西都没有书面证据,都是口头的,房子登记在姐姐的名下,弟弟说什么都没用。

原告坚持要打物权,即把所有权打下来。作为原告代理人,寿如林对当事人说:"你的诉求不一定能得到法院的支持,建议打债权。"他向原告提供诉讼方案:原告支付购房资金(含首付款及商贷还款)、装潢款、物业费用以及实际控制讼争房屋的事实,首先需要得到确认,由此才有可能确认讼争房屋的实际权利人是原告;即使确权不能成功,也可以为原告确权不成后解决债权债务问题打下基础。

"证词"露破绽,被告也未胜诉

首付款支付人的认定,成为解决纷争的关键。而一个被忽略的细节,成了寿如林驳倒对方的突破口。

原告提供了开发商给的收据。十五万多元的首付款最初是原告通过公司付的款,收据上是他的名字,后来因为产权变更,才把收据上的名字换成了他姐姐。

被告辩称:原告发生婚姻纠纷,所以房子不要了,由她去买,首付款中的十五万元由她以现金方式交付给某公司,由此主张某公司以支票方式支付的首付款系被告支付。被告拿出了一张证明,上面写的时间竟早于产权变更的时间,法官也觉得不真实。被告为自证,申请两名证人当庭作证。

两名证人先后出庭作证,就陪同被告携带十五万元现金前往某公司交付的时间、地点、行程等事项的陈述基本一致,证明被告向某公司交付十五万元现金的事实。原告代理律师先后对两位证人进行发问。针对证人称十五万元现金均为百元纸币的陈述,寿如林问:"你们看到的钱是什么样的?"证人答:"是一万块一叠,一共十五叠。""是什么颜色的呢?""有青色的,有红色的。"问颜色的时候,寿如林在心里自问:"发行红色的人民币纸币,到底是什么时候?"他悄悄抽出皮夹子里的红色百元大钞,一看是1999年发的,但一时无法确定是哪个日子。第一次发新版人民币,应该选有纪念意义的日子吧,10月1日国庆五十周年的可能性更大。所以,他当场指出这两人的说法有问题,"请法庭注意,10月份之前是不可能出现红色人民币的!"当时,整个法庭包括被告及证人都为之惊讶,怎么会突然扯到这个问题呢?法官对寿如林说:"这样吧,你庭后三天内提供这套红色版人民币的发行日期。"到银行一查,果然是10月1日发的。寿如林说:"这严格来讲不是法律问题,可能要积累一定的经验去反驳对方的证词。"这样,至少对十五万元的认定,法院最后明确了两个证人的证词是不真实的,对被告主张已付清首付款一节未予认定。被告"吃瘪",没办法应对。

由于双方对款项的结算、债权债务都没有主张,法院只是从登记的角度把房子判归姐姐。至于应该怎么结算,需要另行起诉,就是给被告留了条路。

办案札记

如事先所料,判决没有认定原告拥有讼争房屋之所有权,但对被告主张已付清首付款一节亦不予认定，为另行解决债权债务问题，埋下了伏笔。

打官司的关键一环，是"打证据"。证据材料的来源、取舍提供、对证据材料的"三性"（真实性、合法性、关联性）判断，都是律师的基本功，要有一定的积累。作为律师，要考虑怎么取舍证据对我方的主张有利，反过来另一方的律师肯定要指出这个证据的缺陷，去反驳对方的主张。

另外，亲兄弟明算账，家人之间发生经济往来，务必要签订书面协议，不能想当然以为口头承诺可作为法律依据。这是此案给人留下的深刻教训。

我实际上是拿了一个败诉的案子，来讲我们律师的工作。律师工作你说要天天碰大案子并不现实，碰到的很多都是小案子。

用心做好小案子，也能体现出律师的专业作用。

寿如林律师

夫妻共有房产去名是赠与行为吗?

樊佳

一

一

有人说"阿姨和丈母娘之间,只差一套房的距离",大数据显示,离婚诉讼中七成涉及房产分割。虽然从《婚姻法》到《民法典》,法律条文对"夫妻共同财产"的认定做了数度的修订与完善,但在司法实践中,判断婚姻中房产的归属仍存在着众多分歧。在上海市联合律师事务所毛嘉律师承接的一起离婚诉讼中,夫妻共有房产去名算不算赠与,成了判断房产归属的重要依据。

离婚,牵出一套房

小帅(化名)和小美(化名)因家庭矛盾准备离婚,小帅将小美和她的父母告上了法庭。

起因是两人婚后共同购置的第二套房,房产证上只有小美一人的名字,小美将其赠与了自己的父母。小帅称自己对此并不知情,该房作为夫妻共有财产,小美无权处分,要求撤销赠与,恢复房屋产权原状。

那为什么夫妻婚后共同购置的房产,仅有小美一个人的名字呢?

购置这套房的初衷是为了便于小美父母安心照顾外孙。小帅和小美的孩子出生后,小美的父母来到上海，在小美家附近租房带娃。几年后，夫妻两人经济实力提升，决定在婚房附近再购置一套住房，方便小美父母居住，避免长期租房造成的不确定性。

据小美说，父母卖掉了老家的住房，获得了一笔资金，加上小美夫妇的存款，用四人的资金合力购买了第二套住房。由于小美父母在本市没有购房资格，所以第二套房只能在产证上写小美夫妇两人的名字。出于公平起见，四人参考出资情况，第二套房的产证上列明小美夫妇按份共有，小帅占房屋份额25%，小美占房屋份额75%，小美父母的出资算在小美的份额里面。

不久后，小帅和小美办理了第二套房屋去名手续，房产证上显示该房屋由小美个人所有。没过几个月，小美又办理了赠与手续，将第二套房赠与父母。

赠与与否，双方各执一词

小帅认为自己提起诉讼的理由充分。一是，小帅认为，小美父母并未实际出资，小美父母的份额是小美以夫妻共同存款虚构的，小美以欺骗的手段提高名下房屋产权份额，因此应当撤销原房产登记，确认房产为夫妻共同所有。二是，小帅认为办理"变更登记"手续，只是将自己的名字去除，并未发生产权份额转移的法律后果，并不代表该套房屋变为小美个人所有。小美擅自将争议房屋赠与自己的父母，没有经过小帅的同意，是无权处分行为，小美父母应该将争议房屋返还给小美夫妇，至少应该恢复成小美一人是产权人的登记状态。

小美则反驳道：当初是小帅同意，要把房产赠与给父母，四人一同前往房产交易中心，只是因为在办理夫妻共同赠与手续的当天，咨询了房产交易中心的工作人员，得知赠与直系亲属不需要额外缴个人所得税，夫妻去名也不需要缴纳契税这一政策，所以才会有了先去名，再赠与给父母这样一个过程。

小美还说，在家庭微信群里面，赠与房产给父母的时间点前后，讨论过将房屋赠与给小美父母的事情，小帅从未表示过异议。现在小帅单方面反悔还起诉，严重伤害了家庭感情。

去名后的房产是"按份共有"，还是"共同共有"

毛嘉律师在正式代理小美应诉前，为小美提供了如下分析意见：

第一，小帅在房产登记簿上把自己的名字去掉的行为，是否是将自己的份额赠与给了小美，在司法实践当中仍然存在较大争议。检索判例显示，如果在去除一方名字前，双方是按份共有房产，则去名行为被法院认定为赠与的概率很大；如果是共同共有，大多数法院认为去名只是形式上变更产证的登记内容，并不改变夫妻共有房产的本质。

第二，去名手续完成后，如果法院认定去名行为系赠与，那么小美当然有权单独决定将房产赠与给父母，但如果法院认定该行为不视为赠与，那么还要看小美将房产赠与父母的行为是否得到小帅的事先同意或事后认可，否则就有可能被认定为无权处分行为，父母需要返还相应房屋。

毛嘉认为："对于小帅的去名登记，小帅业已承认是其本人真实意思表示，尽管未明确记录'赠与'字样，但赠与合同为非要式合同，结合前后共两次权利登记的情况，小帅可以认定是赠与，且双方已办理了变更登记予以公示，赠与的相关手续已经完成。"

毛嘉同时指出："退一步来讲，争议房屋本已登记在小美和小帅二人名下，若如小帅所述，去名变更登记为小美一人后仍系夫妻共同财产，则小帅去名没有任何意义，此观点既不符合逻辑也不符合常理。故应确认小帅将其在涉案房屋中的份额过户给小美的行为系赠与，后涉案房屋也就属于小美一个人所有。小美随后将自己个人所有的房产再赠与给父母的行为合法有效。"

两次审理的不同认定

一审法院受理后认为：案件的争议焦点在于小美将房屋赠与其父母的行为是否合法有效。尽管现有证据尚难以证明小帅的去名行为有赠与份额给小美的意思表示，但即便此后房屋仍是小帅和小美共同共有，小美在办理房屋赠与其父母的手续的前后，都在家庭微信群中谈到了此事，未见有躲避小帅的意思，故关于房屋赠与小美父母是四人合意的陈述更具可信度。同时，小帅在明确知晓小美有意向将房屋赠与小美父母的情况下，其既称不同意赠与，又愿意配合小美办理去名手续，也有自相矛盾之处。故认定小美将房屋赠与小美父母系夫妻共同的意思表示。小帅主张小美的赠与行为无效，依据不足，小帅的所有诉请，均不予支持。

对于这一结果，小帅不服，立刻提起了上诉。

二审法院受理后，作出如下判决：

不动产登记簿是物权归属和内容的根据。经查，小美于小帅购买案涉房屋后做了按份共有的产权登记，小美占75%份额，小帅占25%份额。可见，小帅名下在案涉房屋中可以处分的财产已经明确，即该25%份额。之后，小帅与小美作了产权变更登记手续，变更为小美享有100%产权。

目前本案中没有证据证明小帅、小美所作产权变更登记行为中有虚假意思表示或欺诈、胁迫、重大误解等无效、可撤销之情形，小帅亦不否认上述变更登记行为系其自愿行为。因此，在按份共有的前提下，小帅将自己名下的份额赠与小美，系其对自身财产作出处分的行为，当属合法有效。

小帅所谓变更登记不影响按份共有性质的诉称没有法律依据，因为与夫妻财产共同共有之情况不同的是，在按份共有情况下，夫妻财产份额归属已经明确，不再处于混同状态，因此小帅针对自己名下财产作出赠与行为是具体、明确的，变更登记行为本身已经反映了其自主、真实意愿，且房产产权以登记为准，上述赠与行为已经依法成立。同时，小帅亦不存在赠与行为的任意撤销权，故其应当承担产权变更登记行为的法律后果。案涉房屋变更登记至小美一人名下后，该房屋当属小美一人所有，小美有权赠与其父母。总之，原审驳回小帅的全部诉讼请求，本院予以赞同。综上所述，上诉人小帅的上诉请求不能成立，应予驳回。

从二审法院的判决可以看出，二审法院认可了毛嘉关于"在夫妻双方按份共有的前提下，一方去名的行为可以视为赠与"的观点。

办案札记

作为本案小美方的代理人，虽然最终赢得了诉讼，但纵观整个诉讼过程，对于本案的争议焦点，在夫妻双方按份共有的前提下，一方去名的行为是否可以视为赠与，一审、二审法院的认可度并不相同。

一审法院回避了认定房屋去名登记行为的法律性质，从后续赠与的角度切入，结合事实和逻辑，认为小美等三人的陈述更具可信度，小帅主张赠与无效，依据不足。二审法院则明确回应了夫妻按份共有房产的情况下，去名登记行为即为赠与，产生相同的法律效果。

由此可见，司法实践中，对于夫妻共有房产，去除一方名字时产生的法律后果，实际上存在不同的裁判倾向。

我希望提醒读者，无论夫妻共同共有或按份共有房屋，如果为了实现赠与的目的，仅在共有的房产上去除一方的名字，仍然存在相当大的法律风险和不确定性。建议为了稳妥的实现变更房屋产权份额，最好双方再能做一个书面的赠与约定,明确赠与的意思表示,并尽快完成变更登记,保障赠与行为的有效性,减少后续法律风险。

毛嘉律师

四

十

年

—   —

商 事 诉 讼 篇

期货交易电话的一句话引发一场官司

陈烺

　　期货市场瞬息万变，短期价格波动激烈、连续性较差，持仓过夜风险巨大，投资者在短时间内反向交易为市场之常态。因此，交易指令是否清晰明了显得异常重要。

　　但是，十六年前的期货交易工具远不如今天的电脑和手机下单便捷，那时更多见的是通过电话下达指令到期货经纪公司交易部，再由交易部通知出市代表下单。于是，客户短时间内做的是正向交易还是反向交易，完全取决于电话下单的一句话。

　　长期跟踪期货市场的发展，为期货市场的主体，包括期货交易所、期货公司、期货投资者提供法律服务的上海市联合律师事务所贝政明律师，当年就代理了这样一起期货交易纠纷案，原告和被告争议的焦点，恰恰在于期货交易电话中的一句话。

法庭播放下单时的电话录音

　　2006年11月，李某与中信期货有限公司签订《期货经纪合同》，并自当月开始在该期货公司以电话下单的方式进行正常的期货交易。至2008年8月底，李某持仓有黄大豆0901合约六十手和燃料油0811合约一百手。

2008年9月1日下午14点57分（国内期货市场15点收市），李某拨通期货公司的客户交易电话，欲电话下单进行交易，但由于期货公司未在系统中及时更改已经变更的李某的交易密码，导致其无法交易。在李某询问原因期间，期市收盘。

当晚国际市场黄豆和燃料油期货价格大跌，次日国内期货交易所开盘，黄大豆和燃料油的国内期货市场价格也应声下跌。李某在开市后即将其持仓的燃料油和黄大豆平仓，与开仓价相比，经计算共亏损二十八万余元。

数月后，李某收集证据（公证了中信期货有限公司发送的密码短信，以及与业务员的谈话录音等），在发送律师函要求中信期货有限公司赔偿未果后，随即提起诉讼，要求期货公司赔偿其损失。

原告李某指称9月1日当天电话下单平仓，因被告中信期货有限公司的过错，致使原告使用的密码有误，造成被告延误执行原告指令，导致原告未能按当时的市场价格平仓，造成经济损失二十八万余元，要求被告按《期货经纪合同》关于"延误执行指令而造成损失的，应当赔偿直接经济损失"的规则，赔偿其全部经济损失。

法庭当庭播放了李某下单时的电话录音，双方确认了当时的下单过程。

2008年9月1日下午临收盘前，原告与被告报单员之间对话的电话录音还原了当时的客观状况——原告说，"帮我下一下单"。

"帮我下一下单"，李某在交易电话中的这句话究竟表达了什么意思？

被告代理律师贝政明指出，本案的基本事实已经查清，这句模棱两可的话，仅仅表达了原告"有交易的意愿"，而不是现在原告竭力想要证明的：要下"平仓单"或要"市价卖出平仓"。

原告放弃了合同约定的补救措施

贝政明进一步认为：原告确有交易意愿，但由于密码有误而没有发出具体的交易指令,既然没有具体的指令,原告就不能直接证明其是要"平仓交易"。

从原告过往交易的记录来看,原告有"满仓交易"(即账户内的资金均用于持仓)的习惯,原告自2008年9月1日至2009年1月22日的九份交易结算显示,其中原告有八天进行交易。9月9日交易结算单记录,原告大量开仓平仓,只剩下五万余元可用资金;而10月6日记录,原告在大量开仓交易后,其可用资金为负五万八千余元,需追加保证金。

据原告的资金情况分析,原告9月1日当天的可用资金为20万余元,客观情况说明原告足以再次下单开仓交易。因此,原告无论在主观还是客观上都可能做"开新仓交易"。

贝政明解释道,"由于期货市场的非现场交易模式,以及通过中间商进行交易的交易流程等原因,确实有无法下达指令、期货经纪商拒不执行指令、延误执行指令以及错误执行指令等情况的发生。但本案的状况是无法下达指令而不是延误执行指令。延误是指已经有了明确的交易指令而被延误执行,但在本案中,显然原告并没有具体的交易指令。"

在法庭上,贝政明继续发挥自己熟悉期货交易流程、期货交易规则和期货交易法律规范的优势:"退一步说,如果原告9月1日当天确实要下'平仓单'或要'市价卖出平仓',但因密码有误未能交易,依照期货交易规则,原告仍有补救措施。"

"对本案发生的情况如何作出处理,当事人之间的《期货经纪合同》第四十一条特别以黑体字的方式提示客户:如果对交易结果有异议,需在下一交易日开始之前30分钟书面提出。而原告再三宣称自己是期货交易的行家里手,有十几年的内外盘期货交易经验;在期货开户申请表上对询问是否从事过期货交易,原告也作了肯定的回答。既然如此,原告应该十分清楚期货交易的一些基本规则。"贝政明继续提出自己的观点。

贝政明分析认为:"如果原告对9月1日'当天交易未能顺畅进行,平仓指令由于被告的原因未能下达',但确信自己是要平仓的,完全可以不认可当天的交易结果,从而以书面形式提出异议。"

"可是,原告没有采取任何合法合规合乎约定的补救措施,而是在事发后的几个月才提出争议。这种行为在期货市场上是不能允许的。"贝政明认为,李某自己在合同约定的期限内放弃了主张权利的机会。

四个重要规则支撑律师结论

面对瞬息万变、扑朔迷离的期货市场,我国的司法解释、期货条例和证监会发布了相关的规范。

最高人民法院曾在2003年6月发布《关于审理期货纠纷案件若干问题的规定》,其中第二十七条指出:"客户对当日交易结算结果的确认,应当视为对该日之前所有持仓和交易结算结果的确认,所产生的交易后果由客户自行承担";第二十九条指出:"客户对期货公司的交易结算结果有异议,而未在期货经纪合同约定的时间内提出的,视为期货公司或者客户对交易结算结果已予以确认。"

国务院发布的《期货交易管理条例》第三十七条规定:"期货公司根据期货交易所的结算结果对客户进行结算,并应当将结算结果按照与客户约定的方式及时通知客户。客户应当及时查询并妥善处理自己的交易持仓。"

与此相配套的中国证监会《期货公司管理办法》第六十一条指出:"客户对交易结算报告的内容有异议的,应当在期货经纪合同约定的时间内向期货公司提出书面异议;客户对交易结算报告的内容无异议的,应当按照期货经纪合同约定的方式确认。客户既未对交易结算报告的内容确认,也未在期货经纪合同约定的时间内提出异议的,视为对交易结算报告内容的确认。客户有异议的,期货公司应当在期货经纪合同约定的时间内予以核实。"

根据这些规范,贝政明归纳并首次明确了由这些法规所建立的期货市场上认定期货交易结果的四个重要规则:

一、客户有义务关心自己的持仓;

二、客户对交易结果无异议的即为确认；

三、客户的确认是对之前所有持仓和交易结算结果的确认；

四、客户有异议的则应在约定时间内书面提出。

由此可以得出结论：李某无法证明9月1日当天其是准备要下"平仓单"或要"市价卖出平仓"，李某的诉请违背了相关的规定、约定和期货市场的交易规则；李某的交易损失是正常的市场风险，与当天无法下单没有因果关系。

在法院的调解过程中，贝政明认为期货公司在服务客户方面确实存在瑕疵，愿意补偿李某五万元，但最后调解未成。

2009年4月，上海市第一中级人民法院一审判决认为：被告更改密码未完整告知原告有过错，现自愿补偿原告五万元，符合商业道德和公平原则的要求，予以允许。原告有交易的意思表示，但没有具体的指令。2008年9月1日、2日间发生的交易亏损，与被告过错无因果关系，原告且未及时提出异议。

李某不服随后提出上诉，上海市高级人民法院二审驳回上诉，维持原判。

二审判决是这样表述的：在无任何直接证据的情况下，仅依据现有证据和上述无争议的事实本院不能排除李某14：57分电话下单指令为增仓或部分平仓之结论。本院也就无法比较若下单成功的交易结果于次日平仓交易结果，进而判断李某是否产生损失及损失金额。因损失无法得到证明，李某要求对损失予以赔偿的诉讼请求，应当予以驳回。并且，李某于一、二审期间，均未主张并证明其已在合同约定的期限内向期货公司提出过书面异议。故本院可以依据规定，认定李某对该日及此后平仓的交易结果均予以了确认。现原告推翻已经认可的交易结果，有悖诚信，也违反期货交易惯例。

办案札记

期货市场是一个高风险的金融交易市场，参与市场交易的主体必须要有强烈的风险意识。伴随着经济的高速发展,中国期货市场已经成为全球最大的期货市场,可能发生的法律问题也会日益增多。

由于期货市场的特殊性和期货交易的专业性,办理期货交易纠纷案件,必须熟悉期货交易的特点和流程。

鉴于我国期货市场年轻但又发展很快的特点,法律工作者需要及时跟进且全面了解期货交易的规则及其变化。

我在办理此案的时候,我国尚没有一部统一的期货法律,相关期货规范散见于期货条例、期货司法解释与证监会的规章,因此对一个从事期货领域的律师而言,必须融会贯通地运用这些规范条例。

我长期跟踪期货市场的发展,为期货市场的主体包括期货交易所、期货公司、期货投资者提供法律服务。在办理本案过程中,我充分利用自己熟悉期货交易流程、期货交易规则、期货交易法律规范的特点,全面分析了本案交易节点的界定、如果下达指令的几种可能性、未执行交易指令的所属类型、合同约定的依据和由来、综合法律规范总结出认定期货交易结果的四个重要规则,全面阐述了对本案的分析意见,而这些意见被一、二审法院全部采纳。

贝政明律师

价值四百五十万元的期货仓单为何 "不翼而飞"

陈烺

本案涉及三百吨铝仓单抵押纠纷。案发时，我国对期货交易并没有明确的法律条文，如何在期货主要监管规则体系呈碎片化的状态下，综合运用散见于各处的法律条文和最高人民法院的司法解释，对当时担任这起期货抵押纠纷案的原告代理人——上海市联合律师事务所贝政明律师而言，是一个极大的考验和挑战。

十二张仓单突然被抵押在交易所

1996年8月，A期货公司（以下简称A公司）的客户铝业公司，准备在期货交易所做期铝产品的套期保值卖出交割业务，先后将三百吨铝锭运抵交易所的交割仓库，换取了三百吨高级基础铝标准仓单。仓单上记名为该铝业公司，上面列有多项注意事项，其中一条为：本仓单提货或过户须加盖户名背书。

三百吨铝锭仓单（交易所高级基础铝锭标准仓单共十二张）交给了A公司的上海营业部负责人肖某某。由于当时国内铝行情受国际市场的影响，持续下滑，铝业公司无利可图，所以一直未下指令卖出，这一搁就是近半年时间。

1997年年初，铝业公司为三百吨铝锭找到了海外买家，签下了出口合同，并订好了1997年1月24日的船期，要肖某某把仓单送去，以便提货装船。1月18日，A公司突然发现肖某某失踪了。到交易所查询后，获悉仓单已通过B期货公司（以下简称B公司）抵押给了期货交易所。交易所接受B公司的抵押后，划给B公司三百万元，B公司再将其中的二百万元划到肖某某在B公司开设的个人账户上供其从事期货交易。

原来，肖某某个人一直在从事期货交易，因为缺乏资金，就动起了这十二张仓单的歪脑筋。肖某某擅自将仓单拿到B公司处抵押，并开设期货账户为自己个人进行期货交易。据B公司介绍，肖某某在交易期间，已经造成交易亏损九十二万六千九百元和各种费用十二万五千元，共计一百〇五万一千九百元。

B公司要求A公司先行承担损失，方可同意返还十二张仓单。1997年1月20日和1月23日，A公司先后两次给了B公司九十七万三千三百元支票和七十五万元支票，B公司均因为A公司不肯签协议而不敢收取。B公司声称，若A公司不签署协议并交付七十万元以抵消肖某某的部分损失与费用，不会将仓单还给A公司。

1月23日是船期截止的倒数第二天，当日的上海风雨交加，外商给铝业公司发来特急传真，称铝锭未能按时于23日装船，已造成损失，保留索赔权利，并催促履约。铝业公司马上致函A公司，口气严厉："若27日之前不能交还仓单，使我方无法履行外贸合同而造成的一切损失，将通过法律途径解决。"

A公司心急如焚，因为1月24日是星期五，若再拿不到仓单，等待公司的将是一连串的法律纠纷。万般无奈之下，A公司只能在1月24日签署协议书并交付七十万元，收回仓单。半年后，意难平的A公司起诉B公司，要求返还这七十万元。

贝政明律师接受A公司的委托，担任该案原告的代理人。

A公司：签协议违背了自己的真实意思

抵押双方是谁？抵押是否违法？

B公司不肯返还仓单，是A公司手续不全，还是A公司先前不肯签协议付款？

1月24日的协议是有效还是无效？七十万元的给付是胁迫的结果，还是双方友好协商各自承担责任的结果？

围绕以上三大争议，双方展开交锋。由于当时尚没有和期货相关的法律，贝政明只能在《民法通则》《担保法》，以及《最高人民法院关于贯彻执行〈中华人民共和国民法通则〉若干问题的意见（试行）》（以下简称《意见》）中寻找依据。

贝政明认为，根据《意见》第一百一十三条规定：以自己不享有所有权或者经营管理权的财产作抵押物的，应当认定抵押无效。本案中，B公司在接受肖某某作为客户签署期货交易协议、代理进行期货交易时，没有进行资信调查。在肖某某没有资金的情况下，允许其在仓单交割前进行抵押，获取期货交易交易保证金的行为，是违背《担保法》的。

对于1月24日签订的协议书，贝政明认为，A公司是在客户催要仓单、经了解为B公司占有的情况下，向B公司具函索取，且客户当时函电急催，面临出口违约，而三百吨铝锭仓单相当于四百五十余万元人民币的价值，A公司在两次给予支票而B公司称不签协议就不收取、也不返还仓单的情况下，才违背自己的真实意思，签署了该协议书。

同时，协议书的内容也是无效的。它的内容是：肖某某抵押仓单；B公司占有仓单，（显然这个占有是非法的）；A公司索取仓单。B公司是通过以非法持续占有仓单这一行为，达到转嫁交易亏损的目的，而根据非法不能产生权利这一民事法律基本规则，这种转嫁行为也是无效的；否则，非法的行为就产生了合法的后果。

贝政明指出，虽然A公司在管理上有疏失，但失窃的是特定物，作为特定物的记名仓单，它的使用与流转是有担保法可依照，有期货市场相应规则可遵循，并且期货公司应当尽义务审查客户的资信状况。B公司作为期货经纪公司，完全应该知道这些法律和规则。正是由于B公司的怠于职守，允许肖某某非法抵押交易，才成就了其犯罪行为（后肖某某被法院以挪用资金罪判处有期徒刑），产生了肖某某期货交易后的亏损，非法抵押的过错在B公司和肖某某。

同时，关于非法质押的形成，交易所也难辞其咎，其行为既违反了法律，也违反了自己制定的规则。

二审调解后B公司退回六十万元

面对贝政明有理有据的攻势，B公司也做了相应的回应。

一是仓单的抵押并不是被告的擅自行为，而是依据期货交易所的交易规则、通过期货交易所的相关部门审核后才办理的，而后由交易所将资金划到B公司的账上，B公司再将部分资金划到客户肖某某的账上。因此整个程序是合理合法的。如果有问题，那也是交易所的问题，而不是B公司的问题。B公司作为期货公司，并不能使抵押获得成功，何况B公司若不将交易所因该抵押成功而划来的资金全数返还交易所的话，交易所也不会将仓单返还给公司。

二是A公司应当对自己员工挪用仓单的行为承担责任。

三是两次拒绝接受A公司的支票，是因为明摆着如果没有一份协议书，B公司获得款项的依据就不清楚，将来会被A公司指为不当得利。为了避免法律风险，所以要求双方签订协议书也是顺理成章的。而协议书表明，仓单的来源是A公司，这也间接说明A公司是有过错的。在肖某某的期货交易损失没有承担前，为保护自己公司的权益，B公司暂不交出由肖某某前来抵押的仓单，也属合理合法。

四是肖某某的期货交易亏损是一百○五万元，而原告A公司在这起事件中只承担了七十万元，余下的损失由B公司自身承担。这也表明了双方各自承担过错的态度，因此1月24日的协议书是公平合理的，不存在被告对原告所谓的胁迫的情况。而原告A公司出尔反尔，违背诚信，无视自己的过错，对自己的员工用人不当，管理失职，B公司的损失事实上也与A公司的上述过错有关。

1997年11月，上海市普陀区人民法院一审判令被告B公司返还七十万元和承担全部诉讼费。

法院认为：标准仓单是交易所指定仓库按规定制作的给存货单位、记名的商品所有权凭证。铝业公司是本仓单的所有权人，其将本案仓单交付原告仅仅是委托代理期货交易，未允许他人将本案仓单用于抵押。因此，肖某某擅自动用本案仓单为其个人提供质押担保的行为是无效的。

被告B公司明知肖某某无权处分本案仓单而仍然接受质押，被告有过错，被告应当将本案仓单返还原告。肖某某个人期货交易的亏损应当由其个人承担，而被告以返还本案仓单作为交换条件，要求原告承担肖某某个人期货交易的亏损，显然是胁迫行为。

故原告A公司和被告B公司因此事件签订的协议书是无效的。被告有过错，被告应当返还依据该无效协议取得的财产。

B公司不服一审判决提出上诉。经上海市第二中级人民法院调解，以B公司自愿返还A公司人民币六十万元整结案。

办案札记

收赃者岂能要求被盗者赔偿损失？

　　"B公司以不返还仓单要A公司承担损失的行为，就如同收赃者要求被盗者赔偿损失一样，于法无据，于理不合。从法律上讲，A公司对肖某某个人交易产生的亏损没有清偿义务。"这是我在三百吨铝仓单抵押纠纷案一审法庭上的一段代理词。

　　按照期货交易规则，客户是可以将标准仓单等有价凭证进行抵押获取保证金以进行期货交易的，但是这个规则的运用和操作必须符合国家的法律法规。

　　在本案中，B公司见利忘义，过错在先；而交易所未经仔细查核，允许肖某某通过期货公司非法抵押，疏忽在后。结果导致了债务人以他人的财产在未经权利人同意的情况下，进行了非法抵押。

　　肖某某期货交易的亏损，依法本应由其个人承担，但B公司却以扣押仓单的方式，迫使A公司不得不与其签订协议书，支付七十万元。这一行为明显违背了A公司的真实意愿，即因A公司无义务承担肖某某的期货交易亏损，又因A公司面临客户因无法及时获得仓单，将承担对外方出口违约的切实风险，这是别无选择的签约付款，显然，B公司的行为是胁迫行为。一审法院的判决，为期货市场有价凭证的抵押（质押）行为做了警示性的规范。

　　值得一提的是，在二审中，我特别指出：在本案中，交易所违反了《担保法》第六十三条关于质押的规定，在质物（仓单）所有人——铝业公司没有做出质押的表示前，就同意了仓单质押，并出具了收料单，划给了B公司资金。因此，对于非法质押的形成，交易所难辞其咎。

　　法院对于此案的判决，为期货市场有价凭证的抵押（质押）行为做了警示性的规范。

贝政明律师

公司控制权之争，隐名股东成关键

冯慧

公司经营管理最怕的是"内耗"，特别是对于一些股权结构复杂的公司来说，各方股东都从自己的角度来维护自己的利益，最后很可能伤害的，就是公司的利益。上海市联合律师事务所的王竞律师曾经代理过这样一起案件，公司的两大股东，为了公司利益纠葛，都提起了诉讼，互为"原被告"。在双方矛盾日趋激化的时候，律师在案件准备过程中，抽丝剥茧，层层深入，发现了问题的关键，最终两大股东互相撤诉，以和平的方式解决了纠纷。

公司连续亏损，股东提起诉讼

A公司通过湖南某地的两名村民甲、乙作为名义股东，由A公司实际出资，设立了B公司。而后，B公司与C公司合资设立D公司，其中B公司占股51%、C公司占股49%，A公司以B公司名义委派A公司的高管丙作为D公司的董事，实际经营管理D公司。

此后，C公司发现D公司在经营管理方面存在诸多问题，导致D公司连续三年亏损，认为丙违反了对公司忠实勤勉的义务，于是向D公司监事会发函请求提起诉讼，遭拒后C公司以自己的名义提起股东代表诉讼，起诉A公司、B公司和高管丙。

与此同时，A公司认为C公司擅自发起股东代表诉讼、派员到D公司查阅账簿的行为严重影响了D公司的正常经营秩序。因此，A公司以B公司的名义也向C公司提起了相关诉讼。在诉讼期间，双方并没有放弃协商谈判，但A公司更换谈判代表和谈判策略后形势急转直下，双方对抗程度趋于激烈，并中止了谈判。

股东各自让步，公司重上正轨

有鉴于无法继续谈判协商，C公司在本案中委托了上海市联合律师事务所的江宪、王竞律师代理诉讼。两位律师在了解情况后，决定通过"以打促谈"的策略解决C公司的问题，即一方面准备股东代表诉讼，另一方面积极开展斡旋。王竞代表C公司，向B公司提出期望B公司与A公司沟通，撤回A公司委派的董事丙，C公司愿意以合理的价格收购B公司持有的D公司股权，与此同时，C公司也放弃对A、B公司及丙的其他追责权利。

在上述准备过程中，王竞发现B公司的工商档案中记载是甲、乙为出资股东，A公司实际是通过甲、乙代持B公司股权。鉴于此，江宪提出了新的策略，即"绕开法律谈法律"，不纠缠具体法律问题，而是直接与股东甲、乙沟通股权转让事宜，毕竟甲、乙才是公司登记机关登记的股东，于是王竞律师陪同C公司代表直赴甲、乙的湖南老家，在村委会的联系下，又连夜赶到甲、乙务工的深圳某地，找到了甲和乙。尽管甲、乙百般推脱，且在第二天就不告而别。此举给A公司带来了巨大压力。毕竟A公司通过甲、乙代持B公司股权的行为是否合规，按当时的法律规定存在争议，且甲、乙方确实是依法登记的股东。于是，A公司在获知C公司与甲、乙进行直接接触后，立即转变态度，重启与C公司谈判事宜，最终通过双方共同努力，C公司以合理的价格收购了B公司持有的D公司股权，各方撤回了诉讼，彻底结束了D公司长达数年的控制权之争、公司经营重上正轨。

办案札记

　　本案例表面上是一起公司控制权之争，其实反映出商业实践中的一个常见问题——股权代持。很多人基于身份规避、成本控制等因素，选择作为隐名股东，即通过股权代持的方式实际出资并享有股东权利，但其姓名或名称不被记载于公司股东名册及公司登记机关的登记文件。相对应的则是显名股东，指仅作股东名称登记并显示在股东名册与工商登记，但实际未出资或未全部出资的股东。

　　就两者的属性来看，隐名股东和显名股东内部属于委托关系，但鉴于显名股东无论在公司登记机关的登记还是股东名册上的记载，均起到对外公示的效果，而隐名股东在公司对外关系上，不具有对外效力。因此，从对外效力上讲，显名股东对外具有股东资格，享有股东权利，承担股东义务。

　　隐名股东选择隐名持股，固然有对相关商业利益更深层次的考虑，既然通过代持关系可以获得相关利益，包括在显名的情形下不能获得的利益，则也必须承担此种代持行为所带来的固有风险，譬如显名股东违背隐名股东意愿擅自处置股权、行使股东权利等风险。正如同本案中，A公司正是担心股权代持关系引发的合规风险和失控风险从而改变强硬谈判策略。虽然谈判结果比较理想，达到了息诉和解的效果，但是股权代持的风险始终是出资者应当高度重视的领域。

王竞律师

股东代表诉讼，破解公司僵局

徐进

2024年是《公司法》的大年。2023年12月29日，第十四届全国人民代表大会常务委员会第七次会议通过了第六次修改、第二次修订的《公司法》，新修订的《公司法》于2024年7月1日起生效施行。本次修订是《公司法》迄今为止规模最大的一次修改，新增和修改二百二十八个条文，实质性修改一百一十二个条文，删除十六个条文。

2024年也是上海市联合律师事务所建所的四十周年庆。回顾过往，作为上海最早最大的综合性律师事务所之一，联合律师事务所见证和实践了《公司法》的发展和变化，也深切感受到《公司法》不断修改完善的必要性和迫切性。在2005年10月27日《公司法》第一次修订之前，联合律师事务所接到这样一个棘手且紧迫的案件：一家中外合资企业面临一方股东及其委派的董事、总经理严重侵害公司利益导致公司濒临破产且无法通过公司内部治理解决的公司僵局情形。该如何通过法律维护公司合法权益，在当时没有《公司法》规定的清晰路径。联合律师事务所在仔细研究《公司法》、当时各地法院公司审判的意见和指南后，最终大胆启动股东代表诉讼，破解法律难题、打破客户公司僵局，维护了当事人的利益。值得一提的是，在联合律师事务所启动了六位股东代表诉讼后，通过《公司法》的第一次修订，这才将股东代表诉讼明确制定进《公司法》，成为专门的公司法诉讼类型。

又是划账又是担保，合资公司面临破产

A公司是意大利企业，在进入中国市场后，于2001年和内地B公司各同出资三亿多元设立总投资八亿多元人民币的中外合资的C公司。可能是出于友好协商的初衷以及对B公司的信任，A公司和B公司在C公司的股权比例是50%对50%，由B公司法定代表人担任C公司的董事长，由此也为C公司今后的内部治理僵局埋下隐患。

C公司成立后，对当地的就业和经济有所推动。但后来A公司发现，C公司的运转很"不正常"。从2003年10月31日起，C公司开始擅自向B公司支付大量钱款，共计人民币一亿二千余万元。这些资金均未经董事会决议，是在B公司法定代表人C公司董事长的批准下直接支付的。不仅如此，C公司还为B公司向银行的借款提供担保，前后一共担保了五次，担保金额分别是四千七百一十八万元、一百五十万元、三百五十万元、五百万元和四百万元，均未经董事会决议审议，是在A公司不知晓的情况下，由B公司法定代表人C公司董事长的批准下直接提供的。这些借款担保均因借款期满B公司未予还款而陆续被贷款银行提起诉讼，要求公司履行担保责任，由此C公司面临承担巨额担保债务的现实。

C公司在资金大量"缺血"的情况下，既无力偿还自身的银行借款（银行陆续向C公司发出律师函），也不能支付国内外诸多供应商的货款，甚至到最后还拖欠了一部分的公用事业费。2005年1、4、7月，C公司因此被起诉查封了三千七百余万元的银行存款及机器设备等财产。由于情况越来越糟糕，C公司不得不采取裁员的方法，其中五百三十八名员工在2005年6月失去了工作，另外一千三百多名员工也面临失业，C公司面临破产。根据部分供应商发来的函

件，如果货款不能到位，供应商也将面临破产。

C公司面对此情况，似乎"不着急"。当时有消息说，可能有战略投资者会对C公司重组，C公司所在地的市政府也表示，前提是不能清算，最终为战略投资者重组C公司创造条件。

外方股东维权自保，连打六起官司

为了破解公司僵局、维护公司以及自身合法利益，A公司聘请专业律师组建了两个专项团队，一个是由外方律师牵头的专项谈判团队，另一个就是由联合律师事务所朱洪超、江宪、高珏敏等律师组成的专项诉讼团队。联合律师事务所接受委托后，经过缜密的研究和充分的诉讼准备，着手为A公司作为股东发起了针对侵害C公司利益的系列诉讼。

2005年4月29日，联合律师事务所代表A公司传真致函C公司，要求C公司向股东提起诉讼追回巨额资金及撤销担保。次日，联合律师事务所律师专程前往C公司所在地亲手递交该函。当天，C公司董事长在场，拒绝签收律师递交的文件，后又将以特快专递递交的该函原封退回。为此，5月11日，原告委派其在C公司的董事在C公司董事会上宣读了被退回的函件。12日，联合律师事务所代表A公司致函C公司董事会要求董事会行使董事会职权、维护公司合法权益。13日，C公司董事长复函，该函确认B公司对C公司的欠款，但就担保未置一词。21日，联合律师事务所代表A公司进一步致函C公司董事长，再次要求其代表第三人撤销担保。而后，在C公司再次召开的董事会上，尽管A公司的五位董事全体同意，但由于B公司委派的董事不赞成对B公司采取法律行为，不能通过董事会决议对B公司提起诉讼。

在完成上述函件往来、董事会会议等行动后，联合律师事务所认为A公司已用尽所有可能的手段，督促C公司维护自身利益，也督促董事会行使董事会职权维护公司权益，已经完成了提起股东代表诉讼之前必须履行的前置程序工作。由此，在2005年5至7月，联合律师事务所代表A公司到D市和E市两地，以A的名义为C公司的利益对B公司、B公司法定代表人以及贷款银行分别提起了一起返还巨额占款案和五起撤销越权担保案的股东代表诉讼。其中，返还巨额占款案的涉案标的额达一亿二千余万元，由于在当地属数额巨大，直接向C公司所在地的高级人民法院提起诉讼；五起担保案的涉案标的额也达六千一百一十八万元，分别向C公司所在地的中级人民法院提起诉讼。

在向C公司所在地的高级人民法院提起的返还巨额占款案中，A公司指出，C公司向B公司支付了一亿二千余万元巨款，这些资金均在A公司不知晓、不经董事会决议的情况下，由B公司法定代表人C公司原董事长、法定代表人第二被告直接批准支付。B公司侵占C公司巨额资金，B公司法定代表人作为C公司原董事长、法定代表人擅自越权批准支付，属于严重侵害C公司利益的行为，导致C公司经营困难、资金短缺、大量裁员、信用等级下降、被诉被查封等。C公司不采取措施，任由损害继续、扩大，怠于行使权利，A公司已用尽权利要求C公司维护自身合法权利，为此不得不以自己的名义为C公司利益提起诉讼。

在向C公司所在地的中级人民法院提起的五起撤销担保案中，A公司明确指出，根据当时的《公司法》第六十条第三款规定，董事、经理不得以公司资产为本公司的股东提供担保。这是法律的规定，是众所周知的事实。B公司法定代表人C公司原董事长、法定代表人越权批准为B公司银行借款提供担保，属严重侵害C公司利益的行为，导致C公司经营困难。但C公司不采取措施，任由损害继续、扩大，怠于行使权利，A公司已用尽权利要求C公司维护自身合法权利，为此不得不以自己的名义为C公司利益提起诉讼。

诉讼救济明朗，推动最终解决

由于对股东代表诉讼做了缜密实务研究和理论研究，以及做足了充分履行前置程序的工作，这六起股东代表诉讼在联合律师事务所到两家法院立案时没有遇到任何障碍，原先担心的立案难的各种情况均没有出现。顺利立案后，开审审理也有序推进，在六起股东代表诉讼进行了充分的证据交换、举证质证、发表代理意见后，A公司的外方谈判团队取得突破性进展。

经过近一年的博弈，在A公司的要求下，最终在2006年5月底，联合律师事务所作为A公司的特别授权代理人签发撤诉申请书，撤回了六起股东代表诉讼，这个棘手、紧张却几乎令人无计可施的公司僵局得到了解决。

在签署股权转让协议后，A公司得以顺利退出了对C公司的合资合作。A公司最终是以什么样的条件股转并退出，事涉保密，不做评述。但无疑是在A公司推进股东代表诉讼之后，A公司与B公司的谈判得以推进及最终达成和解。就法律的实体问题来看，B公司越权处分的问题清晰而明白，违法且明显不当；但就程序而言，没有明确规定的救济途径，《公司法》没有，《民事诉讼法》没有，《侵权责任法》有提及，但如何借鉴和支持不明确。仅如何启动就是难点，存在诸多不确定因素，这也就是B公司可以大胆越权、擅自而为且有恃无恐的倚仗。因此，一旦启动，诉讼救济途径明朗，所有法律实体上的违法和不当被摆事实、讲道理地向居中裁判的法院完整呈现并主张时，B公司就有了压力，由此就推动了B公司的让步及双方谈判的破局。

办案札记

股东代表诉讼，是指当公司的董事、监事、高级管理人员等主体或他人侵犯公司合法权益，而公司怠于追究其责任时，符合法定条件的股东可以自己的名义代表公司提起诉讼。股东代表诉讼不是能直接启动的诉讼，一般必须履行前置程序才能启动，即适格股东必须先书面请求公司有关机关向法院提起诉讼，只有在用尽救济即有关机关收到请求后三十日内未提起诉讼，以及情况紧急或不利己提起诉讼将会使公司利益受到难以弥补的损害的，才可以代表公司提起诉讼。

以上的内容，在我们接到案子时，《公司法》没有规定。有关股东代表诉讼的这些内容是在2005年10月27日第十届全国人民代表大会常务委员会第十八次会议后，才被正式制定进《公司法》，才有了明确法律依据。

由此这六起诉讼的难点有很多，在未被法院受理之前几乎全是问题和不确定性。比如被告怎么列，是C公司作为被告，还是侵害人作为被告呢？又比如诉讼请求怎么主张，这是代表公司的维权案件，所主张的利益在理论上是属于公司的，那能否主张对提起股东的直接赔偿。又比如启动诉讼的前置程序该怎么做，怎么才算是用尽全部救济途径，怎么证明已经用尽。再比如，《公司法》没有规定，《民事诉讼法》没有规定，法院立案庭会不会直接不受理，或者说提出各种不予立案的理由？

由于当时的情况对于A公司来说十分紧急，在时间上不能拖延，我们根据《公司法》的原理以及司法实践情况即C公司所在地高级人民法院当时的公司诉讼审判意见和指南等，在2005年5月至7月相继启动诉讼。可以说，响应现实问题、实务发展的迫切需求以及从《公司法》以及《侵权责任法》原理出发的各地公司法审判的法院意见，对联合律师事务所启动股东代表诉讼起到非常关键的作用。基于司法实践依托，在没有《公司法》《民事诉讼法》规定的情况下，成功启动股东代表诉讼，对于联合律师事务所来说是一次大胆而有意义的诉讼实践探索，其在《公司法》第一次修订后的示范意义也非常大。由于较之遵循法律规定启动诉讼的一般实践，相信有这样诉讼实践经验的律所也不多。同时，由于这次宝贵的实践探索，联合律师事务所见证和亲历《公司法》的股东代表诉讼制度从无到摸索推动再到确立的过程，也真切感受到股东代表诉讼规定入法的必要性，以及《公司法》历次修订的必要性和迫切性。

高珏敏律师

对赌协议遭"无视"，投资人状告实控人

徐进

最高人民法院总结2022年度全国各级人民法院已判决生效的具有重大社会影响和标志性意义的案件，发布了"2022年度全国法院十大商事案件"。其中，第四个案件 "南京高科新浚成长一期股权投资合伙企业（有限合伙）诉房某某、梁某某等上市公司股份回购合同纠纷案"，系由上海市联合律师事务所梁秋娜、李刚律师成功代理。

本案中，联合律师事务所律师代理被告绍兴闰康生物医药股权投资合伙企业（有限合伙）、房某某、梁某某应诉，案件经上海市第二中级人民法院一审、上海市高级人民法院二审，驳回了原告的全部诉讼请求。这是梁秋娜律师、李刚律师团队代理成功的又一起在全国范围内有重大影响的标志性案件。此前，两位律师代理投资者胜诉的"五洋债"虚假陈述责任纠纷案，也曾被评为2021年全国十大商事案件之首。

股价创新高当天，投资人要求履行回购条款

江苏硕世生物科技股份有限公司（以下简称"硕

世生物")成立于2010年4月,主营业务为体外诊断产品的研发、生产和销售。2015年,房某某(普通合伙人)、梁某某(有限合伙人)以1:9的比例出资成立绍兴闻康生物医药股权投资合伙企业(有限合伙)(以下简称"绍兴闻康"),并以此为持股平台,持有硕世生物一千五百六十万股,占公司总股本的35.49%。

2016年12月,房某某、梁某某与南京高科新浚成长一期股权投资合伙企业(有限合伙,以下简称"高科新浚")、南京高科新创投资有限公司(以下简称"高科新创")签订协议约定,高科新浚、高科新创认购绍兴闻康新增出资一亿元人民币,而绍兴闻康作为硕世生物的股东之一,对硕世生物进行股权投资。

此后,各方签订《修订合伙人协议》,其中4.2条上市后回售权约定:在硕世生物完成合格首次公开发行之日起六个月届满之日,投资方有权要求任一回售义务人(房某某、梁某某或绍兴闻康)按照规定的价格购买其全部或部分合伙份额对应的收益权;上市后回售价款以按发出回售通知之日前三十个交易日硕世生物股份在二级市场收盘价算术平均值作为计算依据。

2019年12月,硕世生物在上海证券交易所科创板上市。根据《上海证券交易所科创板股票发行上市审核问答二》第十条规定,前述4.2条约定属于发行人在申报科创板股票发行上市前应予以清理的对赌协议。但硕世生物在申报发行过程中,未按监管要求对回购条款予以披露和清理。

2020年7月13日,高科新浚、高科新创向房某某、梁某某、绍兴闻康发出《回售通知书》,要求绍兴闻康履行上市后回购义务。当日,硕世生物盘中的股票交易价格达到历史最高价四百七十六点七六元。此前三十个交易日,硕世生物的股票价格涨幅达155%。

《回售通知书》发出后的第二天(7月14日),硕世生物股价下跌10.38%,7月15日下跌14.27%,此后虽略有回升,整体趋势还是处在跌势,至2020年9月11日交易收盘价为一百八十三点八元。

2020年10月21日,高科新浚、高科新创向上海市第二中级人民法院起诉,要求房某某、梁某某、绍兴闰康按其持股数量及以通知之日前三十个交易日硕世生物股票收盘价均价为单价,连带支付回售价款。其中,诉请支付高科新创二亿六千八百七十余万元;诉请支付高科新浚四亿九千九百余万元,合计金额近七点七亿元。

本案焦点:股份回购协议的效力

备受关注的是,硕世生物所涉对赌条款,系科创板IPO审核规则明确必须清理的对赌情形,但公司在审核阶段未做披露。那么,被投企业上市后,这样的对赌协议到底还能不能算数?

此外,原被告双方及争议事项均涉及上市公司,其中原告的实控股东南京高科为A股国资上市公司,硕世生物系首批科创板上市公司。所以,该案自发生后,A股及科创板均做信息披露,备受法律理论与实务界高度关注。

梁秋娜表示,该案当时处在如下看似对被告不利的大背景下:一、自2012年首例对赌有效案后,投资人与实控人之间的对赌,既往司法裁判大多认定对赌有效,且《全国法院民商事审判工作会议纪要》再次明确了"如无其他无效事由,认定有效并支持履行"的审判原则;二、合伙企业法并未禁止合伙份额的转让。

该案中,股份回购协议的效力是案件的焦点问题。原被告主要分歧观点在于:原告起诉认为包含股份回购条款的合伙协议有效,该案属于合伙协议违约之诉,是合伙份额退出之争,并认为依据协议或合伙企业法,应支持合伙份额退出。

作为被告代理律师,梁秋娜、李刚代表被告答辩认为,该案是对赌协议效力之争,回售价格与二级市场股票市值挂钩应自始无效;且属于《IPO审核问答(二)》中应当披露并清理的对赌条款,若不清理则无法上市;本案虽未披露明示清理，但已构成"默示清理"，不应支持继续履行，如法院支持其继续履行，将明显与证监会的规则冲突，对资本市场秩序的影响将不可估量；该案原告不仅是控股股东内部间接持股的有限合伙人，且是专业投资机构，对于诉争对赌协议必须清理属于明知。

与股票市值挂钩的对赌协议无效

上海市第二中级人民法院一审认为，根据案涉上市后回售权条款约定，原告主张的回售价格的计算方式直接与目标公司发行上市后的股票交易市值挂钩，且回购时间节点完全由回购权人掌控，该种计价方式涉及破坏证券市场秩序、损害社会公共利益、违反公序良俗之情形，应属无效条款。判决驳回高科新浚、高科新创全部诉讼请求。

高科新浚、高科新创上诉至上海市高级人民法院。二审认为，案涉《修订合伙人协议》系绍兴闰康的合伙人之间签订，但房某某、梁某某系江苏硕世的实际控制人，高科新浚、高科新创借合伙形式，实质上与上市公司股东、实际控制人签订了直接与二级市场短期内股票交易市值挂钩的回购条款，不仅变相架空了禁售期的限制规定，更是对二级市场投资人的不公平对待，有操纵股票价格的风险，扰乱证券市场秩序，属于《民法典》第一百五十三条违反公序良俗之情形，应认定无效，故驳回上诉，维持原判。

案件对全国资本市场产生了广泛深远的影响。《上海证券报》、第一财经、界面新闻等多家财经媒体对该案也一直予以追踪报道，报道均认为该案属于"首例投资人和上市公司股东、实际控制人签订的对赌协议被判无效案"，上海市第二中级人民法院也在微信公众号发表文章《全国首例：IPO未清理的挂钩市值对赌协议无效》，对本案进行权威披露。

最高人民法院在发布年度全国十大经典商事案件时，不仅将本案选入，还邀请中国政法大学民商经济法学院教授李建伟进行点评。李建伟认为，本案的典型意义在于，一是对违反证券监管规则的行为效力做出妥当的司法认定，以使金融政策实现完善金融市场治理的使命；二是形成司法裁判与证券监管的协同互动，实现优势互补，并以此提升金融市场风险治理的绩效。本案通过司法裁判对规避证券监管要求的行为给予否定评价，不仅提高了违法者的违法成本，避免违法者因违法而不当获益，而且还能充分发挥金融司法与证券监管不同的功能优势，提升金融市场的治理实效。

本案也入围上海市第二中级人民法院评选的"2022年十大典型案例"。其典型意义在于：在公司股权投资交易中，与二级市场股价挂钩的上市后回售条款无效，该判决结果与证监部门监管规则具有一致性，一方面堵上了变相规避"必须清理的对赌协议"的漏洞，保障金融监管要求不被架空，维持了公众对IPO信息披露的信赖；另一方面有助于规范金融市场交易秩序，维护国家金融安全。

办案札记

在一级市场上，对赌协议长期存在。实践中俗称的"对赌协议"，又称估值调整协议，是指投资方与融资方在达成股权性融资协议时，为解决交易双方对目标公司未来发展的不确定性、信息不对称以及代理成本而设计的包含了股权回购、金钱补偿等对未来目标公司的估值进行调整的协议。

以往，投资对赌纠纷大多是针对标的公司未达预期业绩或未按期上市情况下引发的纠纷。一旦到了上市审核申报时，证券监管规则要求发行人、控股股东、董事监事等高级管理人员及参与对赌的当事人等相关人员如实披露，并对"上市前必须清理的对赌协议"声明承诺清理，不清理的则不会取得上市资格。

本案的意义在于，一审、二审法院都明确表明了司法立场，体现了司法审判与证监监管规则的一致性，维护了证券市场正常的监管秩序，具有很强的示范性。

如果判决依照惯例,认定对赌协议有效,将会在二级市场上引起轩然大波(实际上,硕世生物的股价已经反映了二级市场在"用脚投票")。

作为被告方的代理律师,我们提出的观点与后续出台的2023年全面注册制监管新规相呼应。2023年2月17日,证监会发布《监管规则适用指引——发行类第4号》,其中对于有关IPO的对赌协议及类似安排新增了"自始无效"的处理规定。《上海证券报》等媒体发表文章《全面注册制下IPO对赌迎新规,新增"自始无效"规定释放严监管信号》,并再次评论本案"上市后回购股权条款的效力认定,不仅涉及公司内部关系的调整,还涉及证券市场交易秩序维护和金融安全稳定等问题,该判决无疑契合了IPO对赌严监管的逻辑"。

梁秋娜律师

央企国企"神仙打架"，再审发现关键问题

徐进

《中华人民共和国民事诉讼法》第一百八十二条规定："第二审人民法院的判决、裁定，是终审的判决、裁定。"第二百十条又明确："当事人对已经发生法律效力的判决、裁定，认为有错误的，可以向上一级人民法院申请再审。"在实际判例中，再审案件并不常见，上海市联合律师事务所的吴盈律师从业二十年，碰到的再审案件也只是个位数。在本案中，她和姜林律师一起厘清了案件错综复杂的关系，为当事人争取到了合法权利。本案也因此获评2023年联合律师事务所优秀案例第一名。

拿到案子，和时间赛跑

有时候，打一场官司就像是跑一场马拉松。

"本案已经过一审、二审、再审审查、再审、重审一审、重审二审六轮审理，各方均已穷尽证据……"这是姜林、吴盈在本案重审二审时向法院递交的代理词。

无论当事人还是律师，似乎都有些"精疲力尽"。

案件的起因看起来很"简单"。根据一审原告B公司的起诉状，B公司是某大型国企下属国资公司，2013

年12月和A公司（央企下属国有独资公司）签订《购销框架协议》，约定A公司向B公司采购物品，先货后款，A公司指定专人签收商品，收货后三个工作日内支付货款，具体以每次交易订单为准。双方一共进行了五次交易，前三次都已履行完毕，最后两次交易订单项下货款未付，合计四千余万元。为此，B公司向一审法院提出买卖合同之诉。

A公司收到起诉材料后，发现自己并没有在B公司主张的两笔订单上签过字，且相关印鉴有假，A公司向公安经侦部门报案，公安经侦部门发函一审法院建议将案件移送。2017年5月，公安经侦部门复函法院，将案件退回一审法院继续审理。一审法院审理了一年多后作出判决：A公司支付货款三千二百余万元及按年24%标准计算的违约金。

A公司遂向中级人民法院提出上诉。审了约半年，最终二审判决驳回上诉，维持原判。

"本案的一审和二审，并不是我们代理的，所以，案件到我们这里的时候，时间已经很紧张了。我记得再审申请的截止期限是2019年国庆节后，而我们通过招投标的方式拿到这个案子是在2019年的9月，这意味着我们要在一个月的时间里把前面一审、二审的所有卷宗都要看完，从中找到问题，再去提请。"吴盈律师说。可是，A公司提供的卷宗是"残次版"，而且因为时间长、经手人较多，卷宗整理得乱七八糟。姜林、吴盈只能去法院调卷宗，一来一去，又花了不少时间。

从案件审理的时间来说，这是一个马拉松式的案子，从一审开始陆陆续续打了四年多的时间，临到再审这一环节，突然"提速"了，需要冲刺跑，需要抢时间。"当时，客户说，这么大的亏损，就是央企也扛不下来，我们要把所有的法律手段都用尽，死马当活马医，你们做做看吧。"姜林和吴盈都觉得，既然接下了案子，就要尽力而为。

在很短的时间里高强度地阅读了全部卷宗，并对证据做了梳理，律师们发现，再审可能还是有希望的，"我们找出了关键点，就是形式和实质不相符合,形式上看本案是买卖合同关系,在实质上这是借贷关系。"

抽丝剥茧,再审还原真相

买卖合同成了借贷关系,这又是怎么一回事?

综合各方证据,姜林和吴盈发现,本案并没有发生货物的实际交付,而且本案交易涉及的四方,即A公司、B公司,以及甲公司、乙公司,实际上构成了一个闭环的利益链条。具体的交易是这样完成的:甲公司向B公司"销售"货物,B公司向A公司"销售"货物,A公司向乙公司"销售"货物。其中,甲公司和乙公司的实际控制人都是台湾人黄某,通过虚拟的"购买"行为,黄某"借到"了大量资金,而B公司作为资金的出借方,获得了融资费用,A公司在这个闭环中赚取通道费用。

"我们在所谓的买卖合同中找到了一个破绽,A公司不管卖什么货给乙公司,利润都是千分之三。我们提出,这在正常交易中是不可能发生的,因为货物不一样,来源不一样,市场需求不一样,最后的利润肯定也不一样。我们就把这些关键的点都梳理了出来,提交给了法院。这些关键的点接近于本案的核心争议,并最终以此为基点撬动了整个案件的再审。"吴盈说。

高级人民法院审查后认为,B公司和A公司之间虽然形式上为买卖合同,但将系争交易置于四方当事人的整个交易链条中考察,当事人之间真实的法律关系应为借贷。并作出裁定:指令中级人民法院再审;再审期间,中止原判决的执行。

中级人民法院审理后认为,本案形式上的交易流程符合买卖的特征,然而根据各方举证情况,将系争交易置于整个交易链中考察,存在着与通常买卖合同不同的特征,B公司对于货物交付环节也缺乏物流及仓储证据的支持。裁定撤销原审一审、二审判决,将本案发回一审法院重审。

重审一审判决将案由从买卖合同纠纷调整为借款合同纠纷。

重审一审审理后认为,虽然B公司与A公司之间形式上为买卖合同,但将系争交易置于整个交易链条上考察,当事人之间已经形成一个标的相同的封闭式循环买卖,存在自买自卖、高买低卖、不承担买卖风险等违背商业常理的情形,在履行过程中并无实物交割和货权的转移,B公司对此应当是明知或对于买卖还是借贷出于两可之间,采取放任的态度,可以认定双方之间的真实法律关系为融资借贷,故B公司以买卖关系为请求权基础要求A公司支付货款缺乏事实和证据依据。判决驳回B公司的全部诉讼请求。

重审二审经审理后认为,本案当事人间进行的是以连环购销为形式的融资性交易,真实法律关系应为借贷。判决驳回上诉,维持原判。

得道多助,结案收获好评

跑赢这场审判马拉松,需要有一点"场外因素"。

一直关注案子进展的公安经侦部门就是一个重要的场外因素。"多亏公安经侦部门从一开始就介入,帮助案件锁定了证据。"吴盈说。

虽然甲、乙两个公司的实际控制人黄某已经逃到了境外,但公安经侦部门对几家公司的业务员做了笔录,同时也做了司法审计。这些在案件初始阶段做的笔录、审计,更接近于事实,也证明了合同交易是虚构的,其实质就是借贷。

不仅如此,公安经侦部门还找到了乙公司的一个业务人员,在涉及A公司、B公司、甲公司、乙公司的闭环中,很多订单的制作以及一些文本文件的制作都是由这个人完成的。在原来的一审、二审中,因为找不到这个人(据说是去了外地),所以很多事情都说不清楚,一审、二审也没有特别关注。运气比较好的是,在再审时,这位业务人员的笔录正好派上了用场。

姜林和吴盈也密切关注着类似案例。在零售交易中,存在类似的链条型交易,但形成案例的很少(可能在其他领域会多一些,但因为领域不同,法院一般不会采纳)。"我们急切地想找到类似案例,如果是八九年前刚立案的时候，还真不好办，但马拉松有马拉松的好处，时间过去了几年，案例也在不断发生。我们检索到一篇分析文章，作者是最高人民法院的一名法官，文章内容就是这种链条型的交易。我们下载了文章，划出重点，提交给法院，作为参考。"吴盈说。为了更好地表达自己的观点，律师们还做了大量的图表分析，特别是重新梳理出来的核心点、关键点，用一种可视化的方式，让法官能够清晰地去看清案件的本质。

在B公司案件的后续执行中，姜林、吴盈的律师团队实际为A公司追回一千二百余万元的损失，并已向法院申请B公司的"执转破"，获得了客户的极高评价。

一　办案札记

本案有一定的特殊性。在经济转型过程中，一部分央企、国企将手头的闲置资金，拿去做资金通道，一旦资金链断了，就引发纠纷和诉讼。由于当事人双方都是"大户人家"，官司打起来总是经年累月，像本案就前前后后打了九年，堪称一场诉讼马拉松。

不过，这样的案件现在已经不多了。央企也好，国企也好，两者都加强了风控管理，在2014年以后基本都关掉了类似的资金通道。合规地使用资金，才是企业的经营之道。

作为一名律师，碰到再审案件的概率不是很高，再审胜诉的概率可能要更低一些。不过，我们很幸运，碰到了这样一起案件，靠着自己的专业知识，为当事人赢得了再审的机会，并最终胜诉。这让我觉得做一名律师很有成就感。

吴盈律师

高管离职退股，什么价格才算"合理"

徐进

企业的发展核心在于"人才"，如何吸引和留住人才，加速企业发展，股权激励是一个很好的方法手段。常见的股权激励有三种方式，一是员工直接成为持股主体，二是持股平台间接持股，三是第三人替员工代持（股权代持）。然而，没有一个方案是十全十美的，当员工想要退出的时候，股权激励往往会引发一系列的纠纷，并因此引发诉讼。上海市联合律师事务所的陆春晨律师代理的一起股权纠纷案件，就是员工想要"高价"退出持股平台引发的。

萌生去意卖股权

小A自2000年初入职B公司，担任程序员，并自2010年起担任B公司高管。

经过多年的发展，B公司的业务做得风生水起，并有了上市的打算。为了让中高层管理人员共享企业发展成果，同时为企业留住人才，B公司在2015年成立了C公司，作为员工持股平台。

根据自身贡献，B公司的中高层管理人员在C公司持有份额不等的股权。作为高管，小A向C公司支付了投资款，持有C公司的股权，间接也就持有了B公司的股权。

2018年，B公司敲锣上市。此后几年，B公司的股价跟随大盘起起落落，并在2022年上升到了一个高点，小A也是在这一年萌生了去意。

由于C公司有与D公司合并的计划，小A在这次股东会决议上投了反对票，并提出要求C公司按照市场价格回购股权的要求，但因双方无法协商一致，导致诉讼发生。

公司自治原则优先

根据C公司的《公司章程》规定，C公司作为员工持股平台，在高管离职时便不再享有股东资格和股东权利，股权回购的价格应当按照入股时支付的对价确定。但这与小A的心理价位相去甚远，小A根据 B公司在A股市场上的价格，认为合理价格已达上千万元，故其向法院提出要求C公司按照A股市场上的价格支付股权转让款。

由于《公司法》（2018）对股权回购有规定，但对股权回购的合理价格没有明确规定，各地司法实践也没有统一意见，使本案的处理变得较为复杂。

在庭审中，陆春晨律师提出，只有B公司的管理层以及核心人员，才能成为C公司股东，基于这种身份才能以最低的价格获得C公司的股权。正是基于这样的股权激励特殊性，就不应该再按照市场惯有的"低买高卖"的思路去操作。

陆春晨表示，小A所谓的合理价格打破了C公司和其他股东之间已经建立好的权益平衡，对之前已按照章程退出或已按生效判决退出的股东是不公平的。而且，极易产生连锁反应，即目前仍在持股平台的股东，也就是C公司的管理层及核心人员，为了追逐股权利益的最大化，人心思走，这将对B公司和 C公司的根本利益产生致命的损害。

法院充分考虑了陆春晨在代理词中提到的C公司继续设立职工持股平台

的意愿，以鼓励企业与员工共同发展，同时也对本案的社会影响做了更全面的思考。最后，法院支持了C公司的意见，既维持了C公司《公司章程》的合法有效，也维护了B公司中高级管理人员的稳定性，对所在地区的安商、稳商做出了积极贡献。

办案札记

虽然目前没有专门针对员工持股平台的法律法规，但C公司严格依据《公司法》及《公司章程》的规定进行经营管理值得点赞，且符合员工持股平台设立目的和实质要求。

本案中，C公司及其股东是商事法律关系，其行为均属于商事法律行为，商事法律关系的价值取向是尊重商人自治、效率优先、兼顾公平。

首先，商事行为涉及的是私人利益，对于私人的意思，法律要给予足够的尊重，尊重公司、股东在公司设立和运营等具体事项和环节的安排。员工持股平台设立的初衷是为了鼓励公司和高管、核心员工共同进退，员工可以通过分红等方式获得更高的收益，《公司章程》充分体现了C公司及其股东的商人自治行为。

其次，兼顾公平是指在权利义务不对等的情况下，如涉及到股东利益、债权人利益被侵害时，《公司法》也会做出相应的调整。但法律并未对回购股权的价格进行强制性规定，因为回购价格涉及的是私人利益，应当充分尊重公司和股东的意思自治，即尊重《公司章程》的约定。

陆春晨律师

PPP项目不合规，政府企业百姓都成输家

徐进

政府和社会资本合作模式，称"PPP模式"，旨在向社会资本开放基础设施建设和公共服务项目。这一模式在国外的实践和应用比较多，随着我国新一轮城镇化建设的步伐，PPP模式备受关注。2013年7月31日召开的国务院常务会议强调要求利用特许经营、投资补助、政府购买等方式吸引民间资本参与经营性项目建设与运营。此后，有关推动PPP模式的政策文件密集出台。应该说，PPP模式在一定程度上起到了改善公共服务、拉动有效投资的作用，但在推行的过程中，也形成和堆积了大量地方性债务。上海市联合律师事务所陆春晨律师代理的一起案件，就和PPP模式以及地方债务有着密切的关系。

国家加强监管，项目举步维艰

为了满足人民群众日益增长的文化体育的需求，西部某县人民政府拟建设一个县级艺术文化体育中心（以下简称"文体中心项目"）。由于财政预算有限，县人民政府拟通过PPP模式运作此项目。县住建局经县人民政府授权作为该项目的实施机构，通过公开招标的方式选择社会资本方。

　　某央企公司(以下称A公司)和一家民营企业(以下称B公司)以联合体形式中标,被确定为社会资本方,与政府指定的机构合资组建项目公司,负责项目的投资、融资、建设、运营(维护)、移交等PPP项目所涉及的全部工作内容。

　　2017年2月27日,县住建局与A公司、B公司签署了县综合文化艺术体育中心等5个PPP项目的合同,就文体中心项目等5个PPP项目的投融资、建设、运营、移交等事项进行了约定。

　　2017年9月20日,因B公司无履约能力,A公司、B公司,以及该县当地的一家建设公司(以下称C公司)签署《备忘录》,B公司退出联合体。2017年9月29日,A公司、C公司和该县当地的一家投资管理公司,共同投资设立项目公司。县住建局与项目公司签署合同,主要约定由项目公司负责文体中心项目投融资、建设、运营、移交等事项。

　　然而,这个项目命运多舛,并没有按照当事各方的预期进行下去。陆春晨律师就案件背景进行全面了解,并梳理了所有材料后发现,几乎与项目进行同期,国家出台了规范性文件,约束收紧PPP项目的实施条件。一方面,受政策影响,社会资本方融资受阻;另一方面,政府方将PPP项目纳入政府隐性债务系统,导致项目无法按照PPP模式继续履行。

　　据A公司后来提供的证明材料显示,A公司在PPP项目中投入近七亿元,而实际收回的款项仅为二千万元。

　　因为文体中心项目建设、停工多年,县住建局把项目公司告上法院,要求继续履行合同并承担违约责任。

合同无法履行,责任到底在谁?

　　项目长期停工烂尾,看起来是社会资本方根本违约。但万事皆有因果,作为A公司的代理人,陆春晨认为,县住建局和县人民政府在PPP项目实施过程中,存在不可推卸的主要责任。

"根据约定，文体中心等五个PPP项目的政府付费纳入县级中长期财政规划、并列入县财政年度预算，但我们发现，县政府常务会没有研究和讨论过文体中心等这些项目，而且，这些项目后来被计算进了政府隐性债务。"陆春晨说。由于PPP项目的政府付费应当纳入政府预算，而隐性债务无法列入年度预算，是否能够按期兑现，存在很大的风险，对于项目公司来说，不得不"谨慎行事"。

对照国家最新的监管政策，文体中心等项目同时还存在一些违规的地方，项目公司遂多次发函要求县住建局和县人民政府进行违规整改，但直到诉讼发生，县住建局和县人民政府都未对上述违规情形进行整改。项目公司认为，这是项目推进受阻、无法正常履行的主要原因。

诉讼中，法官认为本案主要争议焦点为：被告项目公司是否存在违约行为、是否应当承担违约责任；被告是否应当继续履行PPP项目合同；A公司是否应当承担连带赔偿责任。根据争议焦点，陆春晨律师认为，本案不应属于建设工程施工合同纠纷，涉案合同既不是建设工程施工合同，也不是一般的合同，而是政府付费的PPP项目合同。

"既然是PPP合同，那么，项目推进就应该按照PPP合同的要素来进行。"陆春晨表示，实际情况却是项目已被纳入政府隐性债务多年，根据规定，无法再以PPP模式继续履行，而且存在被清退出库的风险并将最终导致合同无法实现。

PPP项目纠纷应通过行政诉讼解决

对PPP合同性质的认定对本案最终的裁判起到了关键的作用。法院认为："本案系典型的政府与社会资本方订立的有关PPP项目投资、融资、建设、运营等合同，双方因履行案涉PPP项目合同发生的争议。……因县住建局签订和履行案涉合同是其行使公共管理和公共服务职责的方式之一，该行为具有公权力属性，案涉PPP项目合同的履行及行政审批、行政许可及PPP项目审核、备案、入库等行政行为，故该合同属于行政协议而非民事合同。"

2020年1月1日起施行的《最高人民法院关于审理行政协议案件若干问题的规定》（以下简称"《行政协议司法解释》"）第二条第（五）项指出，公民、法人或其他组织就"符合本规定第一条规定的政府与社会资本合作协议"提起行政诉讼的，人民法院应当依法受理。该规定对PPP合同纠纷的审判实践具有重大指导意义。《行政协议司法解释》第二条第（五）项将符合行政协议四要素（指主体要素、目的要素、意思要素、内容要素）的政府与社会资本合作协议纳入行政协议的范畴。

由于本案所涉PPP合同是县住建局为加快推进县里基础设施和公共服务设施的建设，提升县基础设施和公共服务设施服务水平而与社会资本方协商订立的具有《行政诉讼法》上权利义务内容的协议，从主体要素、目的要素、内容要素、意思要素等四个方面符合《行政协议司法解释》的认定标准，因此，涉案PPP合同属于行政协议，应当通过行政诉讼解决。

"以前我们接触到的行政诉讼，基本都是'民告官'，而这一起是'官告民'。根据《行政诉讼法》，有权提起诉讼的是行政行为的相对人以及其他与行政行为有利害关系的公民、法人或者其他组织。县住建局可能考虑到'官告民'对他们不利，就坚持走民事纠纷这条路。"陆春晨说。

最终，法院未支持县住建局的诉讼请求，裁定驳回起诉。县住建局不服一审上诉，二审维持原裁定。

办案札记

因案件涉及央企和地方政府的合作，在诉讼过程中，我们前往省里反映情况。在看到我们提供的证据后，财政厅组成调查组，由债务处牵头调查、金融处作为PPP项目的主管部门提供专业意见，最终由监督检查局出具调查意见。同时，省里有关部门还发文要求开展法治督查并要求县政府履行法治政府建设责任，依法依规完成项目合规整改。

在法庭做最后的陈述时，我们表示："虽然我们国家尚未建立政府破产的制度，但县人民政府及县住建局在签署相应的合同，尤其是作为支付义务主体的合同时，应当客观公正地预测自身的财力，有多少能力办多少事，而不是为了追求政绩而动用不正当的手段，甚至不惜以牺牲政府信用为代价，严重破坏了当地的法治和营商环境。"

对于判决结果，当事人是满意的。但本案也有遗憾之处，因为不合规在前，导致政府、企业，以及一直对文体中心翘首以盼的当地老百姓，都成了"输家"。

由于本案所涉PPP项目合同签署时间较早，对于合同条款的约定不够完整，社会资本方若要全身而退较难实现。就目前社会实践情况来看，由于PPP模式周期性较长，PPP项目合同签订的时间少则十年，多则三十年，而在这期间内随时都有可能因各种风险因素导致PPP项目合同的提前终止。无论作为政府方还是社会资本方，都应该提前考虑可能导致PPP项目提前终止的事由，并在PPP项目合同中做出合理安排。

陆春晨律师

一份不可能兑付的保函

徐进

保函制度作为一种债权担保模式,常见于我国建设工程领域的各个阶段。近年来,受国内外市场影响,为平衡业主方与施工方权益,降低建设工程企业资金负担,国家从政策层面鼓励以保函替代各类保证金。在各类保函中,独立保函因其"见索即付"等特殊性质,在实践中被大量使用。不过,根据当前司法实践及判例,我们注意到许多金融机构出具的独立保函存在难以获偿的风险。上海市联合律师事务所的万骞律师在处理一起施工合同诉讼中,就遇到了类似的问题。

总包方严重违约,保函存在无法兑付风险

原告A公司是某中央企业下属公司,从事特种化工产品生产、销售。A公司与某建设工程企业(以下简称B公司)签订《施工合同》,委托B公司承包化工产品原料库及交割库施工及配套工程。后因B公司违约,工程项目始终未能如期竣工验收。

在当时的情况下,A公司为尽快竣工,最大程度减少损失,始终未因B公司逾期违约而主张解除《施工合同》,而是要求B公司尽快完成工程施工。经协

商，B公司出具《承诺函》，承认存在违约行为，并承诺将于一年内完成合同约定的所有义务责任，否则自愿放弃合同剩余的结算价款，并就所有违约行为向A公司承担合同约定违约金两倍的违约赔偿责任，直至覆盖A公司一切损失为止。

《施工合同》明确约定，为保障B公司按约定履行义务，完成竣工项目，B公司必须向A公司出具符合要求的银行保函。本案中，因B公司逾期竣工，原先提供的银行保函也已到期，根据约定，B公司必须就保函进行续期。

为保障B公司履行《施工合同》约定，C银行遂向A公司出具《履约保函》，内容载明C银行愿就B公司违约行为，承担最高额赔偿责任，保函有效期为半年。此外，《履约保函》内容载明该保函为独立保函，因保函发生争议应向C银行所在地人民法院起诉，且A公司索赔需附有三项材料：

一、书面声明，声明索赔款并未由被保证人或代理人直接或间接地支付受益人；二、证明被保证人违反合同约定的义务从而有责任支付索赔款的生效判决书；三、法院对被保证人财产依法强制执行后，被保证人仍不能偿付索赔款从而终结执行的执行裁定书。

谈到对该保函的印象，万骞说："该份保函在性质上存在争议，因为根据《最高人民法院关于审理独立保函纠纷案件若干问题的规定》（以下简称《规定》），独立保函具有独立性原则，即独立保函必须独立于基础法律关系，仅承担见索即付或相符交单的付款责任，不得对基础交易关系作实质性审查，而涉案保函中要求生效判决、执行裁定的行为，已明显违反了该原则应不属于独立保函。而在找到了支持该观点的判例后，我们认为该保函存在被认定为普通担保责任的可能性。"

"即便暂时搁置保函性质的争议，就其是否能够实际兑付，情况也并不明朗。"谈及保函中许多具体措辞与内容，万骞表示客户和团队律师都质疑C银行早在出具该保函时，就已做好了混淆保函性质、设置障碍以逃避责任的准备："案件的主合同部分纠纷因工程规模、造价等原因，本已具备较高的复杂性，该诉讼客观无法在短期内获得结果。而仅就《履约保函》设置六个月有效期一点分析，即便B公司违约事实毋庸置疑，要在有效期内获得兑付保函所需要的生效判决书、执行裁定以符合兑付要求，根本是无法完成的，这显然是C银行为逃避赔偿责任所采取的手段。"

而在工程后续进程中，B公司并未履行《承诺函》责任，仍然存在质量不符合要求，项目经理不到岗等各种问题，直到工程原约定竣工日期一年多后，B公司仍未完成施工项目，且停工无法联络。在此情况下，A公司只能一纸诉状，将B公司和C银行诉至法院。

A公司在诉状中主张，B公司违反《施工合同》约定未能如期竣工且存在多项重大违约情形，已造成A公司高额实际损失，故请求免除支付剩余建设工程款，判令B公司根据《施工合同》与承诺函承担违约责任，判令C银行就B公司全部债务承担保函最高限额的连带赔偿责任。

驳回全部起诉，主合同诉请与保函兑付请求均被驳回

一审立案后，C银行即向法院提交了管辖权异议，主张《履约保函》是独立保函，适用最高人民法院《规定》，故案件应该移到C银行所在地（南方某城市）审理。

从诉讼角度来说，这并非意外情形，基于涉案保函同时具备普通担保性质，又具有独立保函性质，在起诉时，A公司选择将C银行一并起诉属于合理的诉讼策略。"因为在管辖权异议阶段，法院必须对《履约保函》的性质进行审查，如认定为普通担保，则最为符合客户诉讼目的，如认定为独立保函，即可不支持或驳回对C公司的诉讼请求，也不妨碍主合同部分审理，客户也可以凭此认定，在主合同诉讼完成后，再选择到C银行所在地起诉，避免届时被C银行所在地法院认定为普通保函，进而不予立案的可能性。"万骞解释道。

但出人意料的是,管辖权法院不但未支持A公司关于保函不属于独立保函的认定,反而将A公司全部起诉(含主合同纠纷)一并驳回。

管辖权法院认为:"涉案《履约保函》符合独立保函的特征,属于独立保函,根据最高院的规定,一审法院没有管辖权。而本案是原告A公司与被告B公司因建设工程施工合同发生的纠纷,基础法律关系是建设工程施工合同关系,一审法院作为建设工程所在地法院,对建设工程施工合同纠纷适用专属管辖。现本案涉及两个独立的法律关系,且属于不同法院管辖,不符合合并审理的条件。因此裁定驳回A公司起诉。"

二审裁定施工合同纠纷案继续审理

在管辖权法院驳回起诉后,万骞即受A公司委托提出上诉。"法院以不能合并审理为由,驳回了包括主合同部分的起诉,这样的判决结果是无法让人信服的。从实体上和程序上,我们都提了非常有针对性的上诉意见,指出了较多漏洞,有的甚至是基本逻辑上的,而从二审法院的裁定结果来看,实际上认可了我们大部分的观点。"万骞说。

上诉策略及意见主要集中在两个方面:其一,涉案《履约保函》不属于独立保函,应在该阶段争取二审法院对性质认定的支持;其二,如果《履约保函》仍被二审法院认定为独立保函,应争取排除其不利影响,根据最高人民法院相关指导案例,应当改判继续审理建设工程施工合同纠纷。

二审法院作出终审裁定:一、撤销一审法院的裁定;二、驳回A公司对C银行的起诉;三、A公司与B公司的施工合同纠纷案由一审法院继续审理。

"从裁判结果来看,二审法院虽未能支持我方《履约保函》应适用《民法典》担保规则的请求,但撤销一审关于驳回起诉的认定,将主合同纠纷裁定由一审法院继续审理,最大程度节省本案的时间成本,也为之后推进关联诉讼打下较为有利的基础。目前,本案主合同部分仍在审理过程中,我们也在前期工作基础上继续进行代理工作，为客户最大程度争取合法权益。"万骞说。

办案札记

　　独立保函作为国际贸易舶来品，最初目标是买卖双方通过保函形式以替代单据要求相对固定、且开立费用更高的信用证，其本质是为提升开立效率，降低信用成本，从而促进商事贸易的一种独立且单据化的付款承诺。因其独立性的运作逻辑与我国担保规则项下的从属性完全不同，在最高人民法院《规定》颁布之前，独立保函在我国仅能于国际商事交易中使用，在《规定》颁布之后方见于司法实践。

　　由于规则对独立保函内容要求尚待完善，实践中往往存在一份保函中既有担保特征又有独立保函特征的情况出现。此外，部分金融机构为逃避付款责任，在开立保函时未明确保函性质，但在保函内容中载明独立保函相关特征，构成业主方混淆。一旦施工单位出现违约，如业主方适用担保规则主张开立人承担保证责任，则开立人有权主张适用独立保函规则提出管辖权异议，即无法通过增加共同被告方式追究其保证责任，借此要求驳回针对开立人的相关诉请。业主方为求获偿往往需在与施工方纠纷中胜诉后，再与开立人处理独立保函纠纷，增加维权成本。

　　结合实践中各类保函纠纷及常见风险，业主方应当在选择保函时充分了解各类保函的性质并综合考虑违约发生后的兑付条件。如选择独立保函则需就保函内容予以严格审查，具体应严格限制约定单据附加不合理条件，明确保函有效期及续期要求，同时避免传统担保因涉及独立保函特征从而造成兑付障碍的情况发生。

万骞律师

四

十

年

—   —

金 融 诉 讼 篇

央企"躺枪"，竟被内外勾结利用成了融资平台

陈烺

　　在错综复杂的金融借款合同纠纷中，银行作为贷款业务的主要提供者，其操作程序的严谨性和合规性对维护金融市场的稳定与公平至关重要。据《中国金融机构从业人员犯罪问题研究白皮书（2022）》针对2015年至2022年期间全国金融犯罪案件的分析研究，在案件风险类型分布上，业务经营风险类案件（含违法发放贷款罪）最多，占比43.32%。

　　在上海市联合律师事务所张锴律师代理的一起案件中，A银行总行营业部（2016年4月2日更名为A银行北京分行，以下简称A银行北京分行）与央企B五公司的金融借款合同纠纷案，正是由于银行及工作人员未遵守法律和金融监管的要求，无视信贷业务合规要求，变相违规发放贷款所致。

借款合同形式一切合法

　　这是一起较为典型的银行为解决不良信贷资产，利用央企作为融资平台，将信贷资金违规出借给第三人的违规放贷案件。

2014年1月20日，B五公司与A银行北京分行签订《综合授信合同》，约定B五公司在约定的授信有效期内可向A银行北京分行申请使用的最高授信额度为人民币一亿六千万元整，额度由B五公司使用，使用期限自2014年1月20日至2014年7月20日。双方同时签订《流动资金贷款借款合同》，约定借款人民币一亿六千万元用于购买原材料，借款期限同上等等内容。

其中，借款的发放部分约定：A银行北京分行在合同项下向B五公司提供的贷款资金采用全部受托支付方式；受托支付是指B五公司根据本合同附件三的要求向A银行北京分行提交《支付申请书》及商务合同等相关文件，A银行北京分行审查合格后，根据B五公司的支付申请和支付委托将相应款项通过贷款发放账户支付给符合合同约定用途的交易对象；贷款发放账户内的款项，均应按照合同约定的支付管理方案进行受托支付；对于B五公司的每笔提款，B五公司申请支付每笔款项均应提前三个营业日向A银行北京分行提交《支付申请书》及相关文件，经核准后进行支付。

借款的偿还部分约定：B五公司指定某一账户为资金回笼账户，开户行是A银行北京西长安街支行某账号。合同的效力部分约定：本合同经双方法定代表人或主要负责人/委托代理人签字或盖章并加盖双方公章/合同专用章后生效。合同后有B五公司加盖的公章和法定代表人的个人名章，A银行北京分行加盖了公司授信业务专用章。合同附件三为《支付申请书》，B五公司加盖了法人公章、财务专用章，但支付申请书的内容双方均未填写。

至此，这起金融借款合同纠纷案的第一个"雷"被埋下了。

一亿六千万元转入一个"三不"账户

当日，B五公司出具《提款申请》后，A银行北京分行随即发放了一亿六千万元贷款。依据借款凭证的记载，贷款进入《流动资金贷款借款合同》

约定的贷款发放账户。当天，上述一亿六千万元全部转入C公司在A银行开立的账户，后又转入B五公司在A银行北京管理部会计业务处理中心开立的委托债权投资理财资金清算专户账号。

经调查发现，这是一个"三不"账户，即该账户不对客户开放、任何客户不能自己操作直接向该账户转款、自己对该账户的开立情况事先也不知情。这是一个A银行内部资金归集管理的账户。

调查又发现，2015年1月27日，A银行《撤销银行结算账户申请书》载明：账户名称为B五公司，开户银行为A银行北京西长安街支行某账号销户，原因为迁址。截至销户日，上述银行结算账户余额为零元。

2016年12月15日，中国人民银行征信中心关于B五公司的《企业信用报告》记载，B五公司当前负债余额为十三亿三千余万元，不良和违约负债余额均为零，不良/违约类贷款笔数为零。在已还清债务一栏中，记载有授信机构为A银行，欠息日期为2014年9月30日，欠息金额为零元，结清日期为2014年9月30日。在已还清正常类债务的表格中，记载有授信机构为A银行北京西长安街支行，贷款种类为流动资金贷款，借据金额为一亿六千万元，放款日期为2014年1月20日，到期日期为2014年7月20日，结清日期为2014年12月31日，还款方式为正常收回。

同一时期，北京市海淀公安分局接到上海市静安公安分局经侦支队移交案件，称2012年至2014年期间，马某某、黄某某、倪某某、陈某某等人勾结A银行北京分行、赵某、李某，伪造B五公司印章，骗取贷款六亿余元，北京市公安分局海淀分局已立案侦查。

2016年10月18日，A银行北京分行向北京市第四中级人民法院起诉B五公司金融借款合同纠纷一案。A银行北京分行诉称，其依约于2014年1月20日放款一亿六千万元，但B五公司未依约偿还借款本息。此外，B五公司涉及大量诉讼已经严重影响其履约能力。

银行无法解释互相矛盾的证据

就在北京市第四中级人民法院受理A银行北京分行诉B五公司一亿六千万元金融借款案件的同一时间,北京市高级人民法院也受理了A银行北京分行诉B七公司三亿五千万元金融借款案件。

这是两起惊人相似的案件,除了金额不一样以外,发生的时间段、主张的诉讼请求、依据的法律关系和事实理由等几乎完全一样,这样高度的巧合引起了B集团公司的高度重视。

除按规定向B股份公司和国资委汇报案情外,B集团公司立即组织成立纪委调查工作组、法律调查工作组、财务调查工作组等专案组开展调查。

而民事案件的应诉则委托张锴律师办理。张锴从独立调查取得的证据、与涉案当事人的初步访谈判断:本案和北京市高级人民法院受理的案件实际是一起借用央企授信资质违法发放/套取贷款的案件。

张锴认为,该案主要的争议焦点是B五公司是否应向A银行北京分行偿还案涉贷款,其中包含:一、A银行的举证能否证明B五公司是案涉金融借款的实际借款人?二、案涉借款与2013年五亿金融借款是否有借新还旧联系?若有联系,B五公司是不是2013年五亿金融借款的还款义务人?同时,张锴建议B集团公司就内部人员参与金融借款合同签署、是否存在渎职等职务类犯罪、银行工作人员涉嫌违法放贷等犯罪线索,向公安机关提供材料要求立案侦查。

A银行北京分行提交了《流动资金贷款借款合同》、放款凭证等证据用以支持其诉讼请求,但B五公司提供的《中国人民银行征信中心2016年12月关于B五公司的信用报告》中,B五公司的案涉贷款显示为已还清,还款方式为正常收回,且上述信息系由A银行北京分行报送至中国人民银行征信中心。同时,该借款合同到期后,B五公司的银行结算账户于2015年1月注销,该账户为案涉《流动资金贷款借款合同》约定的资金回笼账号。

对于这样两个互相矛盾的证据，A银行北京分行无法自圆其说，没有提供合理的解释。

另外，B五公司提交的证据显示，一亿六千万元贷款资金最终并非用于借款合同约定的资金用途，上述款项仅在B五公司和C公司的账户中短暂停留，最终进入B五公司在A银行北京管理部会计业务处理中心开立的委托债权投资理财资金清算专户账号，也就是那个"三不"账户。

张锴在实地调查了A银行北京分行营业部对公业务营业时间后，证明案涉资金在非柜台工作时间入账后转出，与受托支付文件约定的采用柜台转账支票支付不符，还存在转账支票密码器实际是被原告A银行北京分行控制等一系列反常情况。

此外，原被告双方相关的涉案借款经办业务人员已经被刑事立案侦查。以上种种情况，均说明A银行北京分行主张的借款关系、款项使用情况与正常的金融借款关系不符，涉案借款合同的合法性存疑。

2018年9月3日，北京市第四中级人民法院一审判决：驳回原告A银行北京分行的诉讼请求。

北京高院提出质疑

A银行北京分行不服一审判决，随后向北京市高级人民法院（以下称北京高院）提起上诉。

北京高院就"关于B五公司是否应向A银行北京分行偿还案涉贷款"这一焦点问题提出质疑。北京高院的主要事实依据有：

——A银行北京分行在转让债权之后将实际逾期未还的不良贷款报送为正常贷款，未按《贷款风险分类指引》要求对相关贷款准确进行五级分类，贷款风险分类不谨慎。因此，A银行北京分行在债权转让后将该笔贷款做"已结清"处理的操作不符合银行正常操作流程要求；

——根据《委托债权投资协议》的约定,案涉一亿六千万元辗转进入C公司账户后,又转入B五公司在A银行北京管理部会计业务处理中心开立的委托债权投资理财资金清算专户账号,既与《委托债权投资协议》的约定不符,也与案涉借款合同约定用途不相符;

——在案涉贷款尚未清偿的情况下,B五公司的银行结算账户于2015年1月注销,该账户亦为案涉借款合同约定的资金回笼账号。A银行北京分行的销户行为违反相关规定,属于非正常操作;

……

北京高院认为,A银行北京分行作为专业的金融机构,对其本身的上述反常行为不能作出合理的解释。一审判决认定A银行北京分行提交的证据显然未能达到高度盖然性的证明标准,应当视为未能完成证明责任,认为A银行北京分行的待证事实真伪不明,其诉称借款法律关系特别是欠款未还的事实不足以认定,符合《最高人民法院关于适用〈中华人民共和国民事诉讼法〉的解释》第一百○八条的规定,本院予以维持。

2021年12月30日,案件经北京高院和最高人民法院审理,最终判决驳回A银行北京分行的全部诉讼请求。

办案札记

《阅微草堂笔记》有言:事出反常必有妖。律师的任务之一就是将施展障眼法术的"妖怪"捕捉呈堂、撕开伪装、揭露事实。我在本案的调查中,发现五亿一千万元金融借款至少存在六点反常之处:

第一,客观记录B五公司账户资金进出的《银行单位对账单》清楚证明,原告与案外人利用B五公司作为名义上的信贷融资平台,将一亿六千万元银行贷款经B五公司账户立即转至C公司。B五公司未签署放款申请,未签署受托支付申请,放款转付都是在原告银行一手控制下完成的，其付款行为违反了"三办法一指引"（我国贷款业务的法规框架）中对流动资金贷款、受托支付的规定；

第二，受托支付交易对手C公司是一家注册资本只有五千万元的担保公司，银行在流贷基础合同审核中如何审查其五亿元建筑材料买卖的真实性？

第三，原告向B五公司出具《确认函》等数份书面说明材料，明确承诺B五公司合计五亿元贷款与B五公司无关，不需要B五公司归还，还款责任由陕西某某高速公路有限公司承担，该实际控制人张某也是C公司的实际控制人；

第四，原告利用B五公司作为融资平台，违法转出银行贷款用于偿还原告其他项目上的不良贷款，信贷资金实际使用人和获益人是张某控制的公司和原告自身；

第五，为隐瞒事实，原告故意在B五公司的央行征信记录中，不显示B五公司存在对原告的未结清贷款。在已结清贷款中，显示本案的五亿一千万元贷款已经于2014年12月30日正常收回；

第六，为隐瞒事实，原告将B五公司在A银行的单位结算账户（合同约定的还款账户、借款资金回笼账户）于2015年1月27日批准销户。根据《人民币银行结算账户管理办法》第53条规定"存款人尚未清偿其开户银行债务的，不得申请撤销该账户"的规定，证明原告实际是清楚B五公司不欠原告银行五亿一千万元贷款的。如果B五公司真的存在对原告五亿一千万元银行借款，那为何在逾期还款超过两年时间内从未催收过，并且注销了被告的还款账户？

上述违背正常金融借款流程的反常之举，实际是原告意图掩盖银行违法发放贷款行为。

张锴律师

一起保理融资案引发的纠纷

陈烺

　　银行机构参与的金融交易结构复杂，实践中经常会出现借款人变相套取金融机构信贷的情形，而金融机构为了业务规模的需要，仅满足于形式审查，未尽审慎调查义务，由此造成了各种违规金融借款，形成各种金融乱象，滋生大量违法金融行为。

　　监管法规和司法案例均明确规定和要求了保理人负有受让应收账款真实性的核查义务。

　　上海市联合律师事务所张锴律师曾代理某央企数起保理合同纠纷案。张锴认为，融资性保理的实质是应收账款债权转让法律关系，涉及三方主体——保理商与债权人之间的金融借款关系、债权人与债务人之间基础合同关系、债权转让关系。

为了保理融资签《购销合同》

　　这是一起因不真实的应收账款所引发的合同纠纷案件，张锴接受的委托方是央企A集团第二工程有限公司（以下简称A二公司）。

　　案件要从十一年前的2013年5月3日讲起，而A二公司的出场则在半年以后。

那一天,B银行某支行(债权人)与C物资公司(保证人)之间签订《最高额保证合同》,约定C物资公司在2013年5月13日至2014年5月13日止的期间(即债权确定期间)内,为B银行某支行与债务人D公司办理各类融资业务所发生的债权以及双方约定的在先债权(如有)提供连带责任保证。

合同主要内容是前述主债权余额在债权确定期间内以最高不超过等值人民币二亿二千万元为限,其他还有保证时间期限和包括主债权的保证范围以及由此产生的利息等约定。

同日,B银行某支行(债权人)又与陈某、朱某(保证人)之间签订《最高额保证合同》,除了金额改成了二亿五千万元以外,约定的时间、内容等表述与前一个合同完全一致。

两周后的5月16日,B银行某支行(保理银行)与D公司(客户)之间签订《保理协议书》,约定D公司将其对指定买方的应收账款转让给B银行某支行,以从B银行某支行处获取保理融资;在相关应收账款到期日之前,客户可以按照签署的保理额度及交易条件通知书以及保理融资申请书向保理银行申请融资;对回购保理业务,客户保证相关应收账款在到期日会得到买方无条件足额偿付,B银行某支行不承担买方的任何信用风险,D公司应无条件承担相关融资的到期还款义务。

大约半年以后,D公司用于获取保理融资的应收账款基础合同产生了。

2013年11月11日,A二公司(买方)与D公司(卖方)之间签订《购销合同》,内容有三:一是约定就A二公司建设的国家高速公路黄山路西延(江南公路-小浃江路)工程由D公司向其供应价值三千二百八十万元的螺纹钢、价值一千六百八十万元的线材、价值四千万元的水泥,合计人民币八千九百六十万元;二是结算方式为每月30日前对上月26日至本月25日的供货双方进行对账,D公司将所发货产品的发票开具给A二公司;三是付款方式、最长账期、逾期相关连带责任、违约利息等内容。

A二公司和保证人成为被告

一年以后，2014年5月8日，B银行某支行向D公司发出《保理额度及交易条件通知书》，其中列明买方名称：A二公司，卖方融资额度：三千三百万元，融资利率：6.32%，账期：一百八十天，等等，D公司盖章确认。

同日，B银行某支行与D公司之间签订《应收账款转让登记协议》，D公司向B银行某支行出让其和A二公司签订的《购销合同》项下所产生的四千二百一十六万元的应收账款，并向中国人民银行征信中心依法办理了编号动产权属统一登记初始登记。

同时，D公司向A二公司发出《应收账款转让通知书》（附四千二百一十六万元的发票清单），其中载明D公司依据与B银行某支行于2013年5月16日签订的《保理协议书》，向B银行某支行转让对A二公司所享有的四千二百一十六万元应收账款债权，A二公司就相关发票项下现在和将来所有的到期账款必须支付至D公司开立在B银行杭州分行的账户。A二公司收到后盖章确认。

同一天，D公司依据《保理协议书》向B银行某支行提交《保理融资申请书》《应收账款债权转让申请书》以及经由A二公司确认的《应收账款转让通知书》申请融资，融资金额为三千三百万元，融资到期日为2014年12月2日、2014年12月3日，包括结息方式、融资年利率6.32%、保证人C物资公司、陈某、朱某等。

B银行某支行随即向D公司分别发放保理融资贷款一百八十七万余元、三千一百一十二万余元，融资到期日分别为2014年12月2日和2014年12月3日。

但是，在保理融资到期后，作为客户方的D公司却违约了，仅仅结清了一百八十七万余元的保理融资贷款本息，就三千一百一十二万余元的保理融资贷款仅分别于2015年3月23日和2016年6月23日归还一部分利息和本金。

而应收账款中的付款方和保证人同时隐身，A二公司未按约向B银行某支行履行付款义务，C物资公司、陈某、朱某亦未承担连带保证责任。

2016年11月，B银行某支行向杭州市中级人民法院提出一审诉讼请求：一、A二公司立即按约支付应收账款四千二百一十六万元，并承担违约利息一千五百一十九万余元，合计五千七百三十五万余元（暂计算至2016年11月23日止，至实际还款日止的违约利息按《购销合同》约定另行计算）；二、若A二公司未支付上述应收账款，则D公司立即归还保理融资本金三千一百零七万余元以及利息、罚息，合计三千七百八十三万余元（利息、罚息暂计算至2016年11月23日止，至实际还款日的利息、罚息按《保理融资申请书》约定另行计算）；三、C物资公司、陈某、朱某对D公司的保理融资本息承担连带担保责任；等等。

杭州市中级人民法院判决同意B银行某支行对A二公司和D公司的诉讼请求；其他还有被告C物资公司、陈某、朱某对被告D公司的债务承担连带清偿责任，等等。

基础合同无效且未实际履行

不服一审判决的A二公司，向浙江省高级人民法院上诉请求，要求改判自己在本案中不承担应收账款支付责任。

张锴表示，一审法院认定的案件事实有重大错误，因其未能查明本案基础合同事实，而债权人与债务人之间的基础合同是成立保理的前提，案涉基础合同的《购销合同》因违反《合同法》第五十二条无效。

张锴进一步解释道，本案所涉的黄山路西延工程是国家高速公路网重要组成部分，属于涉及社会公共利益的工程项目，该项目的发包和重要设备的采购依法均应当通过招投标。A二公司与D公司签订的《购销合同》中涉及的建设物资，本身就是工程建设的重要组成部分，该工程的社会公益性质要求重要建设物资采购必须通过招投标程序是法定要件。但是，案涉的《购销合同》签订前未通过招投标，违反了《招投标法》等法律法规的强制性规定，依法应当认定为无效合同。

同时，原审也未查明基础合同的履行问题。债权人与保理商之间的应收账款债权转让是保理关系的核心。基础合同无效且未实际履行，上诉人（A二公司）不是基础合同债务人，债权人对上诉人（A二公司）不享有应收账款，保理业务转让的应收账款不存在，故被上诉人（B银行某支行）无权要求上诉人支付应收账款。

而且，B银行某支行在一审中仅提供了《应收账款转让通知书》和《发票清单》，没有提供证明买卖合同已经实际履行的文件。原审法院仅凭上诉人《应收账款转让通知书》、《发票清单》盖章（债务确认），即判断被上诉人（A二公司）存在"真实销售"，判令要求上诉人作为基础债务人承担付款责任，是完全错误的。

张锴说，因为原审未厘清保理业务中应收账款不真实的责任认定问题，导致法律适用错误。应收账款转让作为保理业务之核心，其真实性直接决定银行能否顺利收回保理融资款。本案争议焦点之一：上诉人（A二公司）出具内容不实的应收账款确认函应承担什么责任？本案争议焦点之二，被上诉人（B银行某支行）在应收账款真实性审查过程中是否存在过错，即是否履行了应尽的审查义务？

杭州中院一审判决被撤销

由于案情复杂，经浙江省高级人民法院院长批准，案件审理期限延长了三个月。

最后，浙江省高级人民法院认为：原判认定事实清楚，但判决A

二公司向B银行某支行直接支付应收账款四千二百一十六万元及利息一千五百一十九万余元不当。A二公司基于其在应收账款通知上确认不真实的四千二百一十六万元应付账款的过错行为，应当对D公司三千一百零七万余元保理融资款本息中的不能清偿部分，向B银行某支行承担赔偿责任。

2019年1月29日，浙江省高级人民法院作出二审判决：

一、撤销浙江省杭州市中级人民法院（2016）浙01民初1371号民事判决；

二、D公司于本判决送达之日起十日内向B银行某支行归还保理融资本金三千一百零七万余元以及利息、罚息，合计三千七百八十三万余元（罚息暂计算至2016年11月23日止，自2016年11月24日起以未还本金为基数、按照年利率9.48%计算至实际清偿之日止）；

三、对D公司在本判决主文第二项债务中的不能清偿部分，由A二公司向B银行某支行承担赔偿责任；

四、C物资公司、陈某、朱某对D公司的本判决主文第二项中的债务承担连带清偿责任。C物资公司、陈某、朱某承担连带清偿责任后，有权向D公司追偿；

五、驳回B银行某支行的其他诉讼请求。

至此，这起长达三年的合同纠纷官司尘埃落定。

办案札记

真实、合法、有效的应收账款转让，是开展保理业务的前提。保理合同是应收账款债权人将现有的或者将有的应收账款转让给保理人，保理人提供资金融通、应收账款管理或者催收、应收账款债务人付款担保等服务的合同。

近年来，国家在金融政策上加大了监管力度，《商业银行保理业务管理暂行办法》适时出台,监管法规明确规定了保理人对保理项下应收账款的核查义务。

值得注意的是,最高人民法院强调在审判中保持与行政机关监管动作的一致性,审判出现"司法监管化"取向。最高人民法院在具体案件中通常会审查保理人是否存在调查核实的行为,是否尽到了调查义务,并以此判断保理人是否承担全部或部分债权无法清偿的损失。

从最高人民法院发布的相关案例中,可以看出最高人民法院对银行机构核查义务的判断标准。

首先,在判决中均注意到了银行机构具体如何对应收账款真实性进行核查的相关事实;其次,最高人民法院更为看重银行机构指派人员到债务人公司现场调查贸易背景的行动,如果遇到"假章"加"假人",则可能债务人最终会被判定不承担对银行机构的债务。

所以,保理人对受让应收账款的真实性在法律上负有核查义务。

张锴律师

虚假供应链暴露的借贷风险

陈烺

　　近年来，供应链金融在我国迎来了高速的发展。然而，在业务开展中存在的逻辑困境和信息困境，导致了金融风险潜滋暗长，同时由于各类参与主体主观性的责任缺失，供应链金融风险防不胜防。2015年3月至2020年5月，A银行诉B公司、C公司金融借款合同纠纷、财产损害赔偿纠纷案，正是在这样的背景下发生的一起案件。上海市联合律师事务所张锴律师作为被告C公司的代理人，参与办理了案件。

以质押应收账款申请贷款

　　2014年9月，B公司因资金需要，向A银行提出借款申请。A银行审核时要求B公司提供相应担保，B公司以其所有的房屋提供抵押担保、以其所有的应收账款提供质押担保，同时再提供实际控制人的保证。为此，B公司向A银行提交房产证，以及与C公司于2014年2月11日签订的《购销合同》等材料。

　　经核实，B公司已完成《购销合同》项下的发货义务，对C公司享有应收账款一亿二千万元，现B公司将该应收账款质押给A银行，A银行有权要求C公司履行付款义务。C公司在通知书的《回执》上盖章，载明"我司同意并遵守本质押通知书的全部内容"。

2014年9月11日，B公司与A银行签订《应收账款质押合同》及《应收账款质押／转让登记协议》，约定B公司将其对C公司的应收账款八千零二十五万元出质给A银行，A银行在中国人民银行征信中心办理应收账款质押登记手续。保证人分别与A银行签订《最高额保证合同》。同日，B公司与A银行签订《最高额抵押合同》，A银行就上述抵押办理了抵押权登记手续。

同一天，B公司与A银行签订《人民币流动资金贷款合同》，约定B公司向A银行借款4588万元，借款期限自2014年9月11日至2015年3月11日。

2014年9月12日，A银行向B公司发放贷款。

至此，申请发放贷款的流程全部走完，至少在表面上看起来，一切非常正常和规范。

一份邮件让应收账款质押无效

然而，就在A银行向B公司发放贷款的3个月前，B公司和C公司的两名员工个人之间的往来邮件，却呈现了事情的另一面。

2014年6月6日，B公司员工张某向C公司员工王某的邮箱发送邮件一封，附件中的《承诺函》由B公司出具并加盖公章，载明："我公司与C公司于2014年2月15日签订的编号为ZJZT20140215的《购销合同》一份，该合同金额壹亿叁仟陆佰玖拾万元整；我公司与C公司于2014年2月11日签订的编号为ZJZT20140211《购销合同》一份，该合同金额壹亿贰仟零捌拾万元整；我公司与C公司于2013年12月11日签订的编号为ZJZT20131211-A的《购销合同》一份，该合同金额壹亿贰仟捌佰陆拾万元整，以上三份物资购销合同仅是配合我公司在银行办理相关业务所用，与实际购销业务无关。我公司承诺：C公司在此事项中仅是配合我公司办理上述业务，由此产生的一切法律责任由我公司自行承担,与C公司无关。"

2015年3月9日,C公司向河南省公安厅报案,认为B公司和其下属的D公司构成合同诈骗罪。该厅于2015年4月10日做出立案决定,但又于2015年12月30日撤销了案件。

2015年3月23日,察觉质押的应收账款出了问题的A银行,一纸诉状告至法院,请求判令:一、B公司归还A银行借款本金并支付利息;二、保证人对B公司的上述还款义务承担连带保证责任;三、A银行对拍卖、变卖抵押物所得价款享有优先受偿权;四、A银行就B公司对C公司的应收账款八千零二十五万元享有优先受偿权,C公司立即将应收账款支付给A银行。

法院不认可质押权生效

显然,本案争议焦点就是A银行能否就B公司对C公司的应收账款实现质押权。

审理法院认为,应收账款的质押签订有《应收账款质押合同》并进行了出质登记,已具备质权形式要件,但应收账款基础交易(编号为ZJZT20140211的《购销合同》)的真实性决定了应收账款质押权的生效与否,虽然C公司在A银行向其核实应收账款真实性时做了书面确认,但在庭审时B公司与C公司均陈述《购销合同》至今未实际履行,向A银行提供质押的应收账款并未发生过,为办理质押而出具的《购销合同》项下的发票也未入账,而如此大金额的购销业务也缺乏当时业务往来时形成的相关证据。

法院查明,在C公司确认应收账前,B公司先向其出具了那份《承诺函》的邮件,从《承诺函》表述看,B公司与C公司合意共同欺骗A银行使其相信应收账款真实存在意图明显,最终也达到了目的,故涉案应收账款的基础交易并不真实,应收账款上设立的质押权并未生效,A银行主张对质物实现优先受偿权的诉讼请求,无事实和法律依据。

2017年5月25日，法院作出判决：一、B公司于判决生效之日起十日内向A银行归还借款本金并支付利息；二、A银行有权就抵押房屋折价或拍卖、变卖后所得价款在范围内优先受偿；三、保证人对B公司的第一项付款义务及（2015）杭上商初字第633号判决书确定的B公司的第一项付款义务承担连带保证责任；四、驳回A银行的其他诉讼请求。

案由变更为财产损害赔偿

一审判决后，A银行不服，遂向上级法院提起上诉。

张锴说，该案件的争议主要集中在三个问题上：一是A银行能否就B公司对C公司的应收账款实现质押权？质押不成立的法律后果是什么？二是虚构应收账款需要承担的责任是什么？三是银行金融机构核实应收账款真实性的审核义务及责任。

二审法院认为，涉案应收账款的基础交易不真实，B公司对C公司享有的应收账款权利并不实际存在，故质权未有效设立，A银行主张对涉案应收账款享有优先受偿权的诉讼请求无事实和法律依据，一审不予支持正确。

至于A银行称即便本案质权未生效，C公司也应对本案贷款未受清偿的损失承担连带赔偿责任的上诉请求，因A银行未在一审中提出该项诉请，C公司不同意一并审理，对此双方可另行处理。

2017年11月24日，二审法院作出终审判决，驳回A银行的上诉，维持原判。

判决生效后，A银行向原审法院申请执行。原审法院执行标的确认为被执行人B公司，暂未发现B公司等的其他可供执行的财产，遂于2019年2月22日裁定终结本次执行程序。

事情并未到此为止。E公司在受让了A银行的金融不良债后，重新起诉要求：B公司、C公司共同赔偿A银行贷款本金、利息损失六千七百八十四万元

（暂计算至2017年12月17日，此后的逾期利息以未还本金为基础，按年利率8.4%计算至借款还清之日止）。这一次的案由，不再是最初的金融借款合同纠纷，而是变更为财产损害赔偿纠纷。

E公司不服该案一审判决提起上诉。2020年11月17日，二审法院对这起E公司与C公司、B公司的财产损害赔偿纠纷案作出终审判决，最终判令C公司应对B公司和各保证人不能清偿的借款本息向A银行承担80%的补充赔偿责任。

至此，这起最初的金融借款合同纠纷案，最后变更成为财产损害赔偿纠纷案，在历经长达五年多的时间后落下帷幕。

办案札记

在供应链金融中，确保应收账款的真实性是核心之一。具体包括核实交易背景真实性、确认货物或服务供应情况、确定交易对价的公允性、充分核查并披露关联关系、明确债权转让通知的相关安排，等等。

然而，实践中不断爆出的虚假供应链融资事件，昭示着供应链金融创新发展之路任重道远。

其中，如何确保应收账款真实性，是维护供应链金融稳定、防范系统性金融风险发生的关键。对保理、应收账款质押法律纠纷的处理而言，应收账款真实性之判断是前提和基础，事关法律关系认定及责任承担。尤其是在应收账款的客观真实状态无法认定时，需借助对保理人、质押权人主观状态之分析，准确适用《民法典》之规定，厘清各方责任。

在本案审理中，A银行向法庭出示银行工作人员现场核验照片、机票等差旅凭证，以证明银行尽到核实应收账款真实义务。律师对证据逐一质证分析，从工作人员身份、债务人接受访谈人员身份和代表权、核验应收账款对应基础合同真实性（形式外观审查）、工程建设量与建材采购量严重不匹配、尽职调查流于形式、金融机构未尽到审慎注意义务等诸多方面条分缕析，确立本案法律事实。最终法院认定C公司应收账款质押未成立，A银行在应收账款确权工作中未能尽到审慎注意义务，应当承担相应的责任。

张锴律师

豪掷四亿元，差点打了水漂

徐进

资本市场存在颇多乱象，比较严重的就是欺诈发行、财务造假、内幕交易、操纵市场等违法犯罪行为。然而，还有一些投资行为，因为法律没有明确的规定，被视作合法，大家也默认可以这样操作，即所谓的"法无禁止皆可为"。上海市联合律师事务所的王竞、毛嘉律师代理的一起信托投资案件，就属于这一情况。在信托投资发生时，并没有明确的法律法规来约束，在投资失败后，引发了诉讼，但这时候监管力度发生了很大的变化，对于法律、法规的理解，成了案件办理的关键。

追逐市场热点，反而坠入"深坑"

2016年2月2日，某投资管理（上海）有限公司，发起设立合伙企业，总规模为五十二亿零三百万元，全部用于收购标的资产，最后通过某上市公司对标的资产的收购，获得相应的投资收益。

这家上市公司曾经创造了四十个交易日三十七个涨停板的"奇迹"，资本市场在当时非常看好这家上市公司的"钱途"，并竞相追逐。在这种情况下，合伙企业的合伙份额成了"香饽饽"。

2016年4、5月间，某银行（以下称A银行）和某信托公司签订《信托合同》，通过认购信托计划的方法，认购了上述合伙企业的四亿元优先级基金份额。对于可能存在的交易风险，与上述投资管理公司同属一个集团的某资本投资公司（以下简称B公司）出具《差额补足函》和《承诺函》，承诺若因各种原因导致A银行在投资退出时收回的资本金及投资收益不足的，不足部分由B公司向A银行承担补足及偿付义务。

2018年，标的资产经营业绩大幅下滑，某上市公司则出现大幅亏损（2017年度净利润五千五百万元，2018年度亏损十亿九千万元）。眼见自己的投资收益无法收回，A银行和某投资管理（上海）有限公司打起了仲裁官司，同时把B公司告上了法庭。本案标的除诉讼费外，高达四亿三千一百万元（其中四亿元为A银行认为的本金，三千一百万元为A银行认为的投资收益）。

鉴于仲裁案件和本案诉讼请求的金额存在重合之处，A银行向法院出具声明函，声明其不会在仲裁案件及本案中双重受偿。

通道业务未超过渡期，被认定有效

作为A银行的代理人，联合律师事务所王竞、毛嘉律师团队经综合分析研究判断，认为本案主要争议焦点在于《差额补足函》《承诺函》的性质和效力。

在案件审理过程中，被告B公司果然对《差额补足函》《承诺函》的效力提出异议，辩称《差额补足函》《承诺函》中的相应条款属于刚兑保底条款，应属无效。

对此，王竞、毛嘉律师团队认为本案中，信托公司为A银行的投资通道。《全国法院民商事审判工作会议纪要》第93条规定："【通道业务的效力】当事人在信托文件中约定，委托人自主决定信托设立、信托财产运用对象、信托财产管理运用处分方式等事宜，自行承担信托资产的风险管理责任和相应风险损失，受托人仅提供必要的事务协助或者服务，不承担主动管理职责的，应当认定为通道业务。"

王竞、毛嘉律师团队指出，A银行和信托公司签订的《信托合同》，符合上述规定所列举的情形，信托公司与A银行之间应当属于通道业务。根据《中国人民银行、中国银行保险监督管理委员会、中国证券监督管理委员会、国家外汇管理局关于规范金融机构资产管理业务的指导意见》（以下简称《资管新规》）设定的"新老划断"原则，在过渡期内对通道业务中存在的利用信托通道掩盖风险、规避资金投向等情况，如果不存在其他无效事由，不应认定为无效。本案中，A银行与信托公司之间的《信托合同》签订于2016年，并未超过《资管新规》所规定的过渡期。

法院经审理，认可了这一说法。

厘清涉案投资非股权投资

关于B公司主张《差额补足函》《承诺函》属于刚性保底兑付一节，王竞、毛嘉律师团队认为，刚性兑付表述本身并非法律意义上的概念，在资产管理业务中，刚性兑付是指资产管理产品的发行人或者管理人对投资人承诺保本保收益的行为。因刚性兑付违反了资管业务"受人之托，代人理财"的法律关系本质，转嫁损失风险，且不利于金融资源的合理配置，损害了金融秩序及金融市场的稳定，故对于资产管理产品的发行人或者管理人对投资人承诺保本保收益的行为应依法认定无效。但被告B公司并非所涉投资资金的管理人或者销售机构，不属于《私募股权投资基金监督管理暂行办法》所规制的私募基金管理人或私募基金销售机构，不得承诺投资本金不受损失或者承诺最低收益的行为。故被告B公司以此为由主张《差额补足函》《承诺函》无效，是不能成立的。

后续审理过程中，B公司提出，A银行的经营范围不包含股权投资，其投资行为违反了商业银行不得向非自用不动产投资或者向非银行金融机构和企业投资的法律规定,同时也违反了《商业银行法》有关同业拆借,禁止利用拆入资金用于投资的规定。

王竞、毛嘉律师团队表示,被告B公司提供的这些证据均无法证明A银行用于投资的资金来源于同业拆借。原告为银行,即持牌金融机构,注册资本远超四亿,其用自有资金(包括资本金及各类存款等)通过同业金融机构(信托公司)投资涉案基金,系银行正常业务范围,符合《商业银行法》的规定。

关于是否是股权投资,王竞、毛嘉律师团队认为,从投资标的看,根据《合伙协议》,原告委托信托公司持有的是优先级基金份额,按预期固定收益率,按年度享有固定收益,且根据《补充协议》,在约定期限届满后,由被告按投资本金与以固定收益率计算的收益之和受让基金份额,相当于还本付息,即原告实际上依赖于被告的到期受让义务而收取本息,因此,该业务具备明确的债务人、履行期限、履行内容和对价,构成债权债务关系。因此,无论从投资的法律关系,还是投资的标的,均不属于股权投资。

经过多次证据交换与开庭审理,一审法院于2020年认定原告A银行的诉讼请求于法有据,被告B公司应当按照承诺承担差额补足义务。2021年,二审维持原判。

办案札记

这起案件肇始于2016年,一审宣判在2020年,虽然中间只相差了四年,但资本市场的监管力度发生了很大的变化。这也是本案代理的一个难点。

根据现在的监管规定,本案涉及的通道、刚兑,都属于违规行为,但在2016年原告进行本案的投资时,法律并未明令禁止。所以,我们在庭审时强调,原告通过信托通道进行投资、以及相关投资涉及本息受让等保底承诺,系依赖于2011年起实行的大资管金融政策,属于当时金融界常规的投资方式,虽然随着金融监管政策的变化与从严，涉案投资类的投资模式已逐步缩减，但是法不溯及既往，且《资管新规》在第二十二条规定"金融机构不得为其他金融机构的资产管理产品提供规避投资范围、杠杆约束等监管要求的通道服务"的同时，也在第二十九条明确按照"新老划断"原则，将过渡期设置为截止到2020年底，确保平稳过渡。

在司法实践中，对于过渡期内通道业务中存在的利用信托通道掩盖风险、规避资金投向、资产分类、拨备计提和资本占用等，或者通过信托通道将表内资产虚假出表等，如果不存在其他无效事由，一方以信托目的违法违规为由请求确认无效的，人民法院不予支持。在庭审中，我们自始至终地坚持这一点。

本案还有一个难点，就是原告的行为到底是不是股权投资，毕竟《商业银行法》明令禁止银行"向非银行金融机构和企业投资"。我们认为，这其实是"名股实债"业务，因为银行开展此类授信业务需选择一家同业作为"通道"，并约定相关受信人承担到期回购或受让义务，银行即享有了债权。据我们所知，在2016年的时候，参加类似信托计划的并不只有A银行，其他银行也存在同样的投资行为。

我们专业且全面充分的论证，获得了法院的认可，法院最终支持了我们的诉请。案件获得了令客户满意的效果，客户也对我们团队的专业和高效给予了高度评价。

毛嘉律师

四

十

年

医疗诉讼篇

一起临床试验纠纷案是如何达成合意的?

陈烺

在2024年全国"两会"上,首次出现在政府工作报告中的"创新药"引发了热议。创新药是指具有自主知识产权专利的药物,相对于仿制药,对建设创新型国家具有重要意义,能够降低对外国新药的依赖。但是,创新药的特点是研发高投入、高风险、长周期,而高投入中的70%以上要花费在临床试验上。

2020年8月,受试者张某在自愿参加的药物临床试验过程中不幸身亡,家属要求予以赔偿。用专业术语表述,这是一起严重不良事件(SAE, Serious Adverse Event),即受试者接受试验用药品后出现死亡等情况的不良医学事件。上海市联合律师事务所卢意光团队接受了申办方——A医药有限公司的委托,办理这起临床试验纠纷案,并由此探索出一条对于申办方及受试者双方均可接受的临床纠纷处理路径。

受试者身亡引发两大难点

2020年8月4日,身患恶性肿瘤的受试者张某自愿入组参与药物临床试验,在签署了知情同意书后随即入组。在连续三天给药后,张某表示无不适症状,并办理了出院手续。五天后张某突然昏迷,进医院抢救无效于当日去世,未进行尸检。随后,张某家属要求临床试验机构(医院)予以赔偿,但是没有提出明确的赔偿诉求。

在这起临床试验纠纷案中,当事人之间的合同关系分别是:申办方A医药有限公司与受试者张某之间签署知情同意书,成立临床试验合同关系;申办方就试验方案、试验的监查、稽查和标准操作规程与临床试验机构(医院)达成书面协议,故A医药有限公司与医院成立临床试验研究合同关系;张某与医院之间成立医疗服务合同关系/临床试验合同关系。

《药物临床试验质量管理规范》(2020修订)第三十九条规定,申办者应当采取适当方式保证可以给予受试者和研究者补偿或者赔偿,同时,根据该案中签署的《临床试验协议》,约定申办方在临床试验进行前投入一定数额的保险,在临床试验过程中发生的与临床试验相关的损害可向保险公司求偿,不足部分由申办方A医药有限公司承担。

在接受了A医药有限公司的委托后,卢意光律师团队发现在临床试验与受试者损害之间的因果关系和赔偿数额的确定方面,存在一些疑点和难点。

临床试验相关案件涉及诊疗与临床试验用药环节,并非依据常识、常理或者一般的日常经验能够判断,均需要极为专业的知识,所以对于临床试验与受试者损害之间因果关系的证明,最优解决路径是寻求第三方即司法鉴定机构鉴定解决。但是,在实务中,大多数鉴定机构往往以案件涉及临床试验、极其疑难复杂为由拒绝接收鉴定申请。

即使在能够确定受试者遭受损害的原因与临床试验相关的情况下,如何补偿也是实务中的难题。因为《药物临床试验质量管理规范》仅规定,申办方提供给受试者补偿的方式方法,应当符合相关的法律法规。但实际上,我国相关法律法规并没有对于临床试验如何进行补偿进行明确规定。

艰难的申请第三方鉴定之路

我国的临床试验领域为新兴领域,法律法规尚不够健全,《药物临床试验质量管理规范》从2020年7月1日起施行，而本案发生在该法规刚刚施行的一个月后，这对卢意光团队无疑是一个巨大的挑战。办理该起案件，不仅要求承办律师了解《医事法》、具有处理医疗纠纷的能力，更要求承办律师对于临床试验领域具有较为深刻的理解。

机会总是留给有准备的人。在《药物临床试验质量管理规范》发布后，卢意光律师团队就开始对临床试验纠纷案件进行研究和探索。2021年2月，卢意光和赵丹蕾、李挚琳三位律师撰写论文《药物临床试验｜发生药物不良反应，受试者补偿问题如何解决？》，以案例为基础，尝试对药物临床试验中受试者权益保护，特别是药物不良反应中的补偿问题进行了讨论，论文获得了国家社科基金青年项目"尖端医疗技术给刑法带来的挑战及对策研究"的阶段性研究成果。

在临床纠纷案件中，主要有两条救济途径：一是根据《药物临床试验质量管理规范》的规定，受试者发生与试验相关的损害时，可获得补偿以及治疗，故三方可以通过协商获得医疗处理及相应补偿；二是受试者家属可以选择合同之诉或者侵权之诉要求临床研究机构（医院）及申办方予以补偿或赔偿。

由于导致损害后果的因素驳杂、多方利益纠葛等缘故，在大多数临床试验导致的纠纷中，临床研究机构（医院）及申办者对因果关系往往不予认可，由此产生了大量争议。卢意光说："我们试图以鉴定的方式对药物临床试验与受试者死亡的因果关系予以确定。"

事实上，卢意光团队曾以临床试验机构（医院）是否存在过错及因果关系为申请要求，向二十余家鉴定机构进行电话咨询，除一家鉴定机构表示可以邮寄材料后审查外，其余均直接予以拒绝。然而，要求邮寄材料的那家机构最终也对申请予以拒绝。

在受试者离世后，临床试验机构（医院）的研究者（医生）曾出具评估报告，认为"不排除临床试验与受试者的死亡之间存在因果关系"。在此情形下，卢意光律师团队结合大量法律法规及案例后作出综合评估，明确在此情况下，如果当事人诉诸法院，很有可能被判定临床试验与受试者的死亡之间存在因果关系。

如此，接下来就是如何确定赔偿数额的问题了。由于法律并未明确规定临床试验纠纷的赔偿标准，且也无其他方式明确临床试验在受试者死亡过程中的参与程度，所以相应的赔偿数额无法计算。

但是按照法律法规的规定，在发生与试验相关的不良事件时，申办方应当承担受试者与临床试验相关损害的诊疗费用，以及相应的补偿。申办方和研究者应当及时兑付给予受试者的补偿或者赔偿。同时规定，申办方提供给受试者补偿的方式方法应当符合相关的法律法规。

确定最佳处理路径及方案

卢意光律师团队建议当事人与受试者家属协商处理本案。在经过了多次协商时，双方对以下问题达成合意：

一、对赔偿总额达成一致。双方同意，申办方A医药有限公司按照相应的治疗费、交通费等票据核算补偿金额；

二、申办方A医药有限公司向张某家属予以人道主义补偿；

三、申办方A医药有限公司与张某家属签订书面和解协议。

协议明确，张某家属在收到补偿款后，不再以任何理由、任何方式向申办方、临床研究机构以及关联公司主张权利，不再要求上述机构承担责任。

卢意光说，在案件承办过程中，承办律师以当时能够获取的案件材料为基础，结合事实情况，几经研判易稿，拟定了最终的和解协议。在和解协议中约定了当事人A医药有限公司、临床研究机构（医院）与受试者家属的各项权利义务，并将当事人的要求在和解协议中一一体现。

经过卢意光律师团队抽丝剥茧地分析并摸清了张某家属的心理状态后，最终达成的赔偿数额在申办方A医药有限公司的预算范围内，并且可以通过临床试验前的保险予以处理，同时签订的和解协议完全覆盖了当事人的诉求，可以以此避免因严重不良事件的舆论对临床试验产生的不利影响，所以当事人对本案结果非常满意。

办案札记

　　药物是现代医学的核心。随着科学技术的发展,人们对药物的需求越来越高,因此研发创新药物已成为医药行业中的一个重要环节。药物的研发需要依据一定的流程和规律来进行,其中临床试验是药物研发的最后一个步骤,也是最为重要的环节之一。

　　在1964年6月举行的第十八届世界医学会大会上,通过了关于人体试验的第二个国际文件——《世界医学协会赫尔辛基宣言》。诚如宣言中所言:"医学的进步是以研究为基础的,这些研究最终离不开以人作为受试者的研究。"

　　临床试验是新药物、新疗法在研发过程中一个不可或缺的环节,但是在医学实践和医学研究中,大多数干预措施都包含风险和负担。临床试验纠纷也成为目前较为常见但极难解决的问题之一。

　　在医疗领域,信息鸿沟是常态,申办方与受试者之间,很难成为真正意义上的平等主体,因此完善相关法律制度势在必行,立法有必要对于申办方和受试者之间的权利义务,特别是出现药物不良反应时的补偿方式方法加以明确,否则,很可能出现纠纷无法处理的窘境。

　　本案的办理积极探索了一条对于申办方及受试者双方都可以接受的临床纠纷处理路径,希望对以后案件的承办提供有益见解。

卢意光律师团队

四

十

年

— —

四

十

案

行政诉讼篇

医疗美容一女士不幸身亡，
处罚不当卫健委成被告

冯慧

自1989年我国颁布《行政诉讼法》之始，人们就称其为"民告官"法律，这从某种角度反映出人民群众对与政府机关发生讼争的忐忑心情。现实生活中，行政机关往往处于高位，要与行政机关博弈并希望行政机关作出让步，从而维护当事人的合法权益，可谓是困难重重。而本案恰是一起民营医疗美容院不服卫健委的行政处罚引发的官司。

隆胸手术后，一女子意外身亡

本案起因是一起医疗美容手术导致求医者死亡的医疗纠纷，当地社交媒体对此事进行了高强度的曝光，引起社会各界的广泛关注。主管单位迫于社会舆论及死者家属的压力等原因，对本案当事人一家民营医疗美容院（以下称医美院）作出了吊销执业许可证的处罚决定。

2019年7月的一天，北方某沿海城市一位女士在医美院进行了"假体隆胸术"和"乳头缩小术"两项手术后意外身亡。所在地卫健委（以下称卫健委）马上对此事件进行立案调查。然而在医疗事故鉴定报告还没出来、患者的死亡原因尚无定论的情况下，卫健委便宣布了医美院存在违法行为，于2019年12月出具《行政处罚决定书》，决定对医美院罚款，并吊销其《医疗机构执业许可证》。

医美院聘请了上海市联合律师事务所卢意光律师团队作为代理人，提起行政复议。通过案情分析，并仔细研读行政处罚案卷以及当事人提供的相关资料，律师团队发现卫健委在行政处罚中存在值得商榷的地方。

医美院提起行政复议

根据《行政处罚决定书》，卫健委是以医美院"使用未取得麻醉药品和第一类精神药品处方资格的医生开具麻醉药品和第一类精神药品处方"，违反了《处方管理办法》第五十四条第（二）项，以此作出处罚。

卢意光律师团队认为，《处方管理办法》第五十四条规定必须是情节严重的，才能吊销《医疗机构执业许可证》。而根据当地卫计委行政裁量权指导标准的规定，必须是有五名以上未取得麻醉药品和第一类精神药品处方资格的医师开具此类药品的，才算是情节严重。因此，卫健委对医美院的处罚违反了卫生行政机关制定的裁量基准，也违反了行政处罚的最基本原则——处罚法定原则。

根据《行政处罚决定书》，卫健委认定医美院在该次手术中"使用未取得医师资格的医学院毕业生独立实施手术切口表皮加密缝合和清理术后切口以及包扎的医疗技术工作"，违反了当时的《医疗机构管理条例（2016年修订版）》第四十八条规定。因而依据《医疗机构管理条例实施细则（2017年修订版）》第八十一条第一款第（二）项对本案当事人医美院作出吊销《医疗机构执业许可证》的行政处罚。

卢意光律师团队指出，在主管行政机关的行政调查尚没有结束、关键证据还没有获取、二次尸检还在进行、死亡原因尚无定论的情况下，就认定医学院毕业生给患者造成伤害没有事实依据。本案中因果关系应当根据医疗事故技术鉴定（或医疗损害鉴定）出具的鉴定意见书进行认定。

但是，主管单位出于多方面考虑，最终维持了复议决定。在卢意光律师团队的建议下，医美院向当地法院提起了行政诉讼。

中国庭审直播网现场直播

由于案件巨大的社会影响，本案的行政诉讼过程在中国庭审直播网现场直播，先后有近五千人次线上旁听。

据卢意光律师团队介绍，在庭审中除了发表上述意见外，他们还认为，根据《医疗事故处理条例》的相关规定，对医疗美容手术患者死亡事件的处理，应属于事发地市级卫生健康委员会的法定职权，本案被告系区级卫健委，依法并无处置此事职权。根据当时的《行政处罚法》第三条第二款"没有法定依据或遵守法定程序的，行政处罚无效"的规定，卫健委做出的决定是违法的，卫健委的《行政处罚决定书》是无效的。

同时，卢意光律师团队认为，卫健委还存在其他程序违法问题，如未在法定期限内将案涉的有关材料交由医学会组织医疗事故鉴定等。其也没有依据当时的《行政处罚法》第三十八条"对情节复杂或重大违法行为给予较重的行政处罚，行政机关的负责人应当集体讨论决定"，来决定对医美院的处罚，属程序严重错误。

庭审期间，卢意光团队一方面建议委托人医美院与死者家属积极沟通，达成双方合意，互相谅解，最终走向和解，避免了死者家属通过社会舆论继续发酵加深对立情绪；另一方面鉴于卫健委主动要求，医美院与之达成和解共识，最终撤回起诉。

办案札记

　　行政机关长期处于相对强势地位，所以试图改变行政机关的决定有一定的困难，而且本案行政机关在办案过程中也承受着死者家属以及社会舆论的重大压力和影响。但是承办律师认为，无论什么情况下，行政机关作出行政处罚必须以事实为依据，且与违法行为的性质、情节以及社会危害程度相当。

　　对于当事医疗机构而言，在依法执业时，如自身权益受到侵害，也应依法使用行政复议、行政诉讼等手段得以救济，这不仅有利于维护自身的合法权益，也能促进行政机关依法行政，维护公平正义。

　　对于承办律师而言，针对行政机关认定的多项违法行为，抓住漏洞，直击痛点，本案就有效运用了行政处罚听证、二次复议听证、以及行政诉讼等多个行政程序，最终与行政机关达成和解，体现了律师的专业价值和意义。行政相对人与行政机关之间并非完全对立，在行政处罚、复议、诉讼期间，如果可以均衡各方利益，和解也不失为一种合理、有效的解决方案，能实现双方共赢。

卢意光律师　陆因律师

一厘钱引发的行政诉讼

冯慧

古人云：勿以善小而不为，勿以恶小而为之。在现实生活中，人们往往因为事情太小而不予关注，或价值过低而不分对错。一厘钱，这数目够小了吧，可本案却告诉我们，在法律面前，合同中一厘钱的擅自调价，也是违法行为。一旦有市民举报启动了行政执法程序，照样有可能把官司打到市政府。

本案因小见大，十分有意思。一是合同一经订立不得擅自变更是市场经济法治的基本规则和常识；二是并非所有的违法行为都需要进行处罚，《行政处罚法》本身不仅仅是处罚的功能、教育的功能，还有利益平衡的考量（即有无造成危害后果）等。本案看似简单，但背后对于价格违法的考量权衡还是较为复杂的，所起到的社会效果也是恰当和良好的。

"超值套餐"埋下隐患

2012年6月18日，23岁的王双杰（化名）与A公司签订通讯服务合同。根据合同约定，使用"1元大众卡超值套餐（A）"和"集团流量大客户包"两个产品，月租共一元，当客户每月使用流量超过80M后，便按照

0.0001元/KB（约0.1元/MB）计费。

两年后，通信公司于2014年12月自行将上述两个产品用户的套餐外流量费上调到了0.001元/KB（约1元/MB）。王双杰发现后通过通信公司的客服热线进行投诉，反映单方擅自涨价不合理，没有得到明确的回复。

2015年3月5日，王双杰通过原物价局举报电话12358举报A公司涉嫌违法，请求立案查处。B市物价局遂于第二天受理该举报对A公司进行立案调查。

举报未果提起行政诉讼

经过近四个月的详细调查，2015年7月14日，B市物价局作出《价格举报处理结果告知书》，告知书认定A公司"擅自调高原告资费标准属于违法，但违法行为轻微、已经及时纠正，没有造成危害后果"，决定不予处罚。王双杰对此不服，认为物价局对A公司涉嫌违法的行为不予行政处罚，侵犯了他作为举报人的合法权益，随即向B市人民政府提出申请要求行政复议。

2015年11月21日，B市市政府经过审理作出《行政复议决定书》，认为被申请人B市物价局对举报事项的处理结果符合价格举报的相关规定，并无不当。根据我国《行政复议法》第二十八条第一款第（一）项的规定，决定维持B市物价局作出《价格举报处理结果告知书》的行政行为有效。

行政复议申请事项被驳回，意味着B市物价局对A公司不予行政处罚的决定有效。王双杰心有不甘，又向C区人民法院提起了行政诉讼，把B市物价局和B市市政府都告上了法庭。他在递交给C区人民法院的起诉状中称，B市物价局在处理针对A公司的价格举报案中存在"遗漏举报内容，认定事实不清；未先立案，程序违法；未全面取证，证据不足；适用法律错误等问题"。而B市市政府作出维持B市物价局处理结果的决定，侵犯了他（原告）的合法权益。请求C区人民法院判决撤销B市市政府的行政复议决定；撤销B市物价局作出的《价格举报处理结果告知书》，并重新作出答复。

自此，双方为A公司一厘钱的流量费涨价事宜，又进入了新的一轮更为复杂和引人注目的行政诉讼。

律师认为本案并非行政处罚案件

作为B市物价局的委托代理律师，联合律师事务所的高珏敏律师和B市物价局出庭工作人员一起做了充分的准备。他们不仅根据《行政诉讼法》的规定提交了作出案涉行政行为的证据及法律法规依据，而且答辩状从职权依据、程序证据、事实证据以及法律依据四个方面就案涉行政行为的合法性做了清晰完整的陈述，而且还针对原告起诉状疑惑的问题做了答辩，经由法庭交换给原告供其庭前充分了解案涉行政行为的合法性。

在代理意见中，高珏敏针对原告起诉状提出的被告"未备案、未立案、未全面取证"的指控，从代理律师的角度又做了针对性的解答，同时还开宗明义地指出本案虽事涉价格违法行为，但并非行政处罚案件，而是价格违法举报案件，价格违法举报答复这一行政行为的程序与行政处罚有所不同，它是按《价格法》《价格违法行为举报处理规定》等相关规定进行处理的。

当庭详细说明是不是"三未"

在开庭时，高珏敏对所谓的"未备案、未立案、未全面取证"，进行了详细的说明。

对于调价未备案的争议，被告进行了审查并调取了2014年9月28日的《〈关于电信业务资费实行市场提交调节价的通告〉的通知》。根据该通知，原来需要备案的文件已作废，故被告未从备案角度认定A公司的价格违法行为，这只能说明被告进行了事实调查，证据确凿。

对于未立案的争议，被告于2015年3月6日受理了原告的投诉举报，于4月15日进行了立案。正因为被告对于原告的举报予以立案，才有被告2015年5月6日的检查。《价格行政处罚程序规定》第二十三条明确指出："对立案的案件，价格主管部门必须全面、客观、公正地调查或者检查，收集有关证据。"这样才有原告争议的7月14日的《价格举报处理结果告知书》的"认定违法、但不予处罚"。

对于未全面取证的争议，本案是针对原告价格举报的处理，具体考察的是原告的产品资费是否存在被涨价、是否存在价格违法，无疑本案的检查查明了原告的举报内容。原告所谓的未全面取证，指的是超越其举报范围以外的内容。对于被告来说，只有嫌疑，并无具体事实，因此实施检查的内容必然有所限制，抽样调查五个用户的方法合情合理。同时，《行政处罚法》第三十七条规定："行政机关在收集证据时，可以采取抽样取证的方法。"被告完全是依据法律的规定进行调查的。

法院驳回原告诉请

C区人民法院经开庭审理后认定："本案中原告作为消费者就其消费争议，向行政机关进行投诉举报，被告B市物价局根据调查取证，认定A公司违法行为轻微，结合消费争议当事人之间的和解情况，决定不予行政处罚，并将相应处理结果以书面形式告知了原告，并无不当。被告B市市政府在复议程序中受理原告的申请，并根据被告B市物价局的答复及证据材料在法定期限内作出复议决定，程序合法。因此原告认为被告B市物价局所作答复违法，被告B市市政府行政复议决定违法，要求撤销B市物价局的答复以及B市市政府行政复议决定的诉请缺乏法律依据和事实证据，本院不予支持，据此依照《行政诉讼法》第六十九条之规定，判决驳回原告的诉讼请求。"

办案札记

　　这个案件的办理效果还是令我们满意的，不仅得到了法院的支持，原告也没有提起上诉。但对于我们来说更为重要的是，通过这个案件，达到了很好的法制宣传的效果。

　　首先，对于违法行为，哪怕是如本案这般微小的违法行为，即一厘钱的违反价格承诺、擅自涨价，也要确认违法，这体现了违法制裁的刚性和锐度。

　　其次，司法机关也要从保障相对人权益的角度出发，考虑违法行为的程度、危害后果的情况。对于违法行为轻微并及时改正且没有造成危害后果的，不予处罚。这体现出对违法行为的处理不仅仅是处罚，也可以教育并济，要有温度和柔度。

　　因此，本案看似轻轻放下，实际也不是轻轻放下，是一个轻违不罚的典型案例。何为轻违、何以能够不罚？不妨研读一下本案例。

高珏敏律师

小区停车费谁说了算?

徐进

随着私家车数量的不断上升,停车难以及与之相关的"乱收费"成为各小区普遍存在的现象。每年上海"两会"期间,代表委员们都要为停车精细化治理支招。2016年1月,市人大常委会副主任郑惠强在书面意见中建议,按照"同一小区、同等收费,合同约定、依约履责,调价公示、协商确定"的原则,尽快规范住宅小区停车收费行为。2016年6月,一起因"乱收费"而引发的行政诉讼,在A市中级人民法院尘埃落定。作为A市物价局的委托代理人,上海市联合律师事务所的高珏敏律师参加了本案的一审、二审。本案取得了较好的法律效果与社会效果,终审判决结果使本案对规范住宅小区停车收费问题,具有一定的借鉴意义。

多收停车费,物业公司吃"罚单"

2014年2月26日,市民金某向A市物价局举报,称自己居住的小区存在乱收费现象,物价部门规定的小区机动车长期露天停车费为每月一百五十元,物业公司却收取三百元。

金某投诉的小区位于B区,B区市场监督局介入了调查。经查，投诉内容属实，小区物业公司自2012年7月1日至2014年3月31日期间，存在向小区机动车车主收取露天长期停车费每辆一百六十至九百元不等的价格行为。

在这期间，该小区的业主大会、业主委员会尚未成立，根据规定，机动车长期露天停车收费标准应当依据物业管理服务合同和区物价局关于《B区住宅物业管理区域机动车停放收费暂行办法》规定执行，即机动车长期露天停放收费标准为每月每辆一百五十元（每月停放日期超过二十天，按长期停放计算）。

区市场监督局认为，物业公司超标准收取停车费，共计超收二千二百零三辆次，超收金额三十五万三千零六十五元。物业公司未执行依法制定的政府指导价，构成《价格违法行为行政处罚规定》第九条第（一）项所列的"超出政府指导价浮动幅度制定价格"的违法行为。

2015年4月，B区市场监管局作出行政处罚决定书，以"经营者不执行政府指导价"，责令物业公司改正，并处行政处罚三十五万元。物业公司不服处罚，提请A市物价局申请行政复议。2015年7月，A市物价局作出行政复议决定，维持行政处罚决定。

物业公司认为自己很委屈，在后来的诉状和庭审中，他们都强调自己提高机动车长期露天停车费收费标准的原因，是为了解决停车矛盾。而造成停车矛盾的原因有两个，其一是周边小区的停车费标准远高于本小区，造成外来车辆大量进入本小区；其二，小区地面、地下停车费差距过大，人为造成停车矛盾。

此外，物业公司认为，行政处罚决定的日期是2015年4月7日，而自2015年3月1日起，A市执行新的《定价目录》，其中已经废止了原《定价目录》中住宅小区停车费执行政府指导价的规定，小区停车费现已经执行市场调节价格。根据新规定优于旧规定及保护行政相对人的原则，此时不应当执行旧的《定价目录》进行处罚。

为此,物业公司向B区人民法院提起了行政诉讼,将B区市场监管局和A市物价局列为第一和第二被告。请求判决撤销被告B区市场监管局作出处罚决定书,撤销被告A市物价局作出行政复议决定书。

新旧法之"辩",锚定本案关键处

在庭审中,法院充分听取了原、被告双方的意见,将本案的争议焦点归结为以下三点:一是B区物价局是否有权制定《区住宅物业管理区域机动车停放暂行办法》,继而规定辖区住宅小区的停车费收费标准;二是如何判定原告超一百五十元/月标准收取停车费行为的性质;三是新《定价目录》的施行是否影响对原告作出行政处罚决定,处罚时能否适用原告主张的"新法优于旧法、从轻兼从旧"的原则。

高珏敏律师作为A市物价局的委托代理人,参加了庭审。对于第一个焦点,高珏敏认为:B区物价局制定《区住宅物业管理区域机动车停放暂行办法》,是一种授权定价的行为,根据《价格法》第二十条第二款规定,省级价格主管部门有权定价,市物价局结合地方定价目录通过规章的方式授予区物价局定价的权利,属于授权定价。

在第三个焦点中,"新法优于旧法、从轻兼从旧"的原则,来源于《立法法》第八十条的规定,法律、行政法规、地方性法规、自治条例和单行条例不溯及既往,但为了更好地保护公民、法人和其他组织的权利和利益而作出的特别规定除外。

对此,高珏敏准确把握住本案的实质,指出:"原告违反的是《价格法》,《定价目录》的更新并不改变不执行政府指导价的违法实质。"

法院认可了高珏敏的观点,在判决书上明确:"原告受处罚的原因是不执行政府指导价的违法行为,2015年3月1日以后,无论是《价格法》还是《价格违法行为处罚规定》都未将违反政府指导价的行为排除在行政处罚范畴之外，新的《定价目录》也未规定违反小区停车费政府指导价的价格行为不再是价格违法行为。"

同时，法院认为，即便参照原告主张的"新法优于旧法、从轻兼从旧"原则，也应当以对保护行政相对人合法权益为必要条件。被告B区市场监管局作出的处罚，并不涉及原告作为物业服务公司基本的经营权和财产权，原告在此过程中并无合法权益需要特别予以保护。原告利用自己的经营优势，任意提高收费标准，若予以放纵，既不利于规范市场经营主体的经营行为，也不利于保护广大居民的合法权益。

二审判驳回，违法行为被"锁定"

在一审败诉后，物业公司向A市中级人民法院提起上诉。庭审中，双方再次就《定价目录》是否适用"新法优于旧法、从旧兼从轻"的原则，以及政府指导价等问题，进行了一番唇枪舌剑。

"一、二审法院对物价非常感兴趣。这个问题本身非常专业，哪怕是法官这样的专业人员都不是十分清楚。价格法规定的政府指导价、地方定价目录到底是什么，到底是怎样实现行政管理的，并没有一个清晰的法律概念，实际并不好回答。"高珏敏说。

在二审判决书中，法院认为："政府出于市场调控的需要，在一定时期内对极少数商品和服务价格实行政府指导价或者政府定价，因此，某项商品或者服务的政府指导价是可调整的，并非一成不变，甚至，若政府认定没有必要再对此予以调控，可以取消政府指导价。虽然政府指导价是可变的，但经营者在某个时间段内违反政府指导价收费的违法行为，一旦发生，其违法本质并不会随着政府指导价的变化而变化。"

具体在本案中，法院认为："上诉人收取每月三百元停车费的行为发生在2012年7月1日至2014年3月31日期间，超出了政府指导价，虽然《定价目录》于

2015年3月1日予以更新,住宅小区停车费不再执行政府指导价而改由市场调节,但上诉人的违法行为已经完成并正处在被上诉人B区市场监管局立案调查阶段,《定价目录》的变更并不能否定上诉人超出政府指导价收取停车费的违法本质。况且,被诉行政处罚决定亦考虑到政府指导价被取消以及处罚的社会效果,对上诉人从轻处罚,并无不当。上诉人的上诉主张,缺乏事实证据和法律依据,本院不予支持。原审判决认定事实清楚,适用法律正确,应予维持。"

"二审法院大段论述的政府指导价的实行需要、调整情况和更新不改变不执行政府指导价的违法实质等,实际与我对此问题的意见完全一致。"高珏敏说。

办案札记

作为物价局的代理人,原本仅须对复议程序的合法性承担举证责任,对原行政行为合法性的举证则由原行政行为作出机构承担。但由于B区市场监管局出庭的工作人员均为年纪大的办案人员,对于法律问题的陈述和辩论存在客观的困难。因此,对于"新法优于旧法、从轻兼从旧"问题,完全由我负责解答、论证和争辩。

地方定价目录由《价格法》第十九条第三款规定,有其特定的法律含义,但不能就此认为地方定价目录就是法律、法规。所以,我在一审、二审时,都在法庭上强调:"庭审中实际讨论的并不是一个法律、法规改变、失效的问题,而是地方定价目录调整的问题,这并不是一个法律适用的问题,与法律的溯及力无关,也与'新法优于旧法、从轻兼从旧'原则无关。"

制定地方《定价目录》和根据地方《定价目录》定价,是价格法赋予的一项行政管理权,带有特定时间阶段实施特定行政管理内容的特点。因此,不能据此认为可以不同时间阶段的管理内容可以来相互否定管理的效力。

国务院批准修改的《价格违法行为行政处罚规定》第九条第（四）项明确规定："对于经营者提前或者推迟执行政府指导价及政府定价的，物价部门要予以处罚。"提前或者推迟执行政府指导价及政府定价，说明不同时间的政府定价不相互影响、不相互否定。也就是说，对于经营者，不能因为在今后某个时间将要取消政府定价，就提前执行了，就认为之前违反政府定价的行为就此合法了。对于执法者而言，不能因为在今后某个时间将要取消政府定价，对于经营者提前执行的违反政府定价的行为就不处罚了。地方《定价目录》调整了，对于之前违反政府定价行为仍须予以处罚，这是法律的要求。

在本案中，对新实施的地方《定价目录》表述得十分清楚，规定了在2015年3月1日之后哪些执行政府定价及政府指导价。也就是说，2015年3月1日之前仍然执行之前的政府定价及政府指导价。

另一方面，本案据以认定原行政行为违法的法律法规均没有发生变化。《价格法》没有变化，《行政处罚法》没有变化，《价格违法行为行政处罚规定》也没有发生变化。也就是说，法律对于不执行政府指导价的行为评价没有发生变化，对于违法的处罚规定也没有发生变化。对于本案系争的收费行为，从定性到定量的法律法规均没有发生过变化。不执行政府指导价的违法本质不因为新执行的《定价目录》而改变。

高珏敏律师

四

十

年

—　　—

四

十

案

公 益 诉 讼 篇

全国首例消费公益诉讼案的来龙去脉

徐进

2016年2月23日，由最高人民法院与中央电视台联合评选的"2015年推动法治进程十大案件"揭晓，上海市消费者权益保护委员会（以下简称"消保委"）诉天津三星通信技术有限公司入选。作为消保委公益诉讼案件代理律师，上海市联合律师事务所的江宪律师全程参与了这起全国首例消费公益诉讼，并通过委员提案、社会呼吁等方式，推动了上海市消费者保护基金会的成立。

状告不可卸载"冠亚军"，
上海市消保委揽下第一案

根据上海市消保委披露的数据显示，2012年受理手机消费类投诉四千一百八十八件，2013年为五千六百八十件，同比上涨35.6%，2014年则达到了七千零六十六件，同比上涨24.4%，手机类投诉已经连续三年占到商品类投诉的第一位。

在众多手机消费类投诉中，手机预装软件成为投诉热点之一。上海市消保委展开的比较试验发现，十九款受试手机每款至少预装了二十七个软件，除了必要的系统软件外，还有与手机正常运行并无关联的应用软件,且大量预装软件不能卸载;抽样测试还表明,手机预装应用软件在消费者无操作的情况下,仍然会发生流量消耗,其中一款手机在受试的一百二十小时里消耗了近八十兆字节流量。

上海市消保委表示,鉴于手机厂商的行为侵害了众多消费者的合法权益,有必要通过公益诉讼的方式纠正此类不合理的做法。根据比较试验结果,欧珀X9007手机总共预装了七十一个软件,其中不可卸载软件数量达四十七个,是所有受试手机中最多的。三星SM-N9008S手机为四十四个,且所有预装软件均不可卸载。上海市消保委在接受媒体采访时认为,欧珀和三星是"不可卸载的冠军和亚军"。

2015年7月,上海市消保委就欧珀和三星两款手机的侵权行为,分别向上海市第一中级人民法院递交民事起诉状。上海市消保委认为,两家厂商所售手机的外包装以及说明书,均未对其预装软件的名称、类型、功能、所占内存,以明示的方式告知消费者,系对消费者知情权的侵害。两家厂商不告知每个预装应用软件的功能,并将所有应用软件捆绑销售又不告知卸载途径,系侵犯消费者的选择权。

为保护消费者的权益不受侵害,上海市消保委根据《民事诉讼法》,请求法院判令被告在其所销售智能手机外包装上或说明书中明示手机内预装软件的名称、类型、功能、所占内存,同时请求法院判令被告为其所销售智能手机内所有预装软件提供可直接卸载的途径。

无论是对消保委,还是对法院,以前都没有经历过这样的公益诉讼。

《人民法院报》权威发声,
要激发消费公益诉讼活力

江宪表示:"针对有典型意义的一个中国品牌和一个外国品牌提起诉讼,可以达到对所有问题品牌诉讼的效果。本次公益诉讼的基本框架就此确定：被告一个是三星公司，另一个是欧珀公司，作为两个独立的案件分别起诉，案由是侵权，具体侵害的是消费者的知情权和选择权。诉讼请求只要求被告停止侵害消费者的知情权和选择权，没有赔偿请求。"

江宪认为，从案件本身看，这两起案件并不复杂，案件的难点在于起诉资格。公益诉讼是针对损害社会公共利益的行为提起的诉讼，起诉主体是能代表全体社会成员或者社会不特定多数人利益的主体，包括社会公共秩序及社会善良风俗等。谁能代表公共利益？这是公益诉讼的核心问题。因此，《民事诉讼法》规定是法律规定的机关和有关组织，公益诉讼的原告主体资格要有法律的明确授权。

如何授权，法律此前并没有规定。在此之前，各级消费者权益保护组织提起的消费公益诉讼均未获得过受理。上海市消保委状告三星公司和欧珀公司，并获得法院立案受理，成为我国首例被法院立案受理并进入实体审理的消费民事公益诉讼案件，主要是因为法律环境的改变，对起诉产生了积极的作用。

第一个改变，是主体身份的明确。2013年10月25日，依据新《民事诉讼法》，以及新修订的《消费者权益保护法》第四十七条规定："对侵害众多消费者合法权益的行为，中国消费者协会以及在省、自治区、直辖市设立的消费者协会，可以向人民法院提起诉讼。"这意味着法律明确了上海消保委是消费公益诉讼的起诉主体。

第二个改变是立案登记制改革。2015年4月1日，中央全面深化改革领导小组第十一次会议审议通过了《关于人民法院推行立案登记制改革的意见》。4月15日，最高人民法院发布了该意见，并从5月1日起施行。在此之前实行的立案审查制，当事人向法院提起诉讼时，法院需对诉讼要件进行实质审查，再决定是否受理，其审查内容主要包括主体资格、法律关系、诉讼请求以及管辖权等。而改革后实行的立案登记制，法院对当事人的起诉不再进行实质审查，仅仅对形式要件进行核对。除了按照规定不予登记立案的情形外，当事人提交的诉状一律接收，并出具书面凭证。起诉状和相关证据材料符合诉讼法规定条件的,当场登记立案。这意味着案件受理面更宽,立案门槛降低。

第三个改变是最高人民法院的"适时介入"。2015年6月15日,最高人民法院通报十起消费者维权典型案例,并表示正在抓紧制定、力争在年内出台《关于审理消费民事公益诉讼案件适用法律若干问题的规定》,将规范消费者权益保护的案件管理,并对消费公益诉讼的受案范围、程序规则、举证责任、费用承担、赔偿标准及配套制度等做出规定。这意味着将推动消费公益诉讼案件审理的规范化、程序化,实现消费公益诉讼为众多消费者维权的制度设计初衷。

在上海市第一中级人民法院受理了三星和欧珀案后,中国消费者保护协会明确表示支持上海消保委履行法定职责,为一切依法维护消费者权益的行为"点赞"。《人民日报》、新华社、中新社,以及上海本地的主流媒体都密切关注着案件进程,《人民法院报》2015年12月2日发表评论称:"消费公益诉讼需要社会各界的广泛关注和积极参与,从而激发消费民事公益诉讼活力。"

"第一案"实现诉讼目的,
消保委撤诉获得法院批准

诚如江宪所言,这两起案件并不复杂,在理顺了起诉资格问题后,后续问题也就迎刃而解了。"上海市消保委根据消费者投诉以及专业机构对智能手机的检测报告,确定本次公益诉讼主要针对智能手机,找我商量是做进一步论证具体案件操作的可能性与具体的操作步骤。我完全同意并强调诉讼是手段不是目的,只要生产商在说明书中告知消费者预装软件的各种信息,告知预装软件的卸载途径,我们的诉讼目的就达到了。"江宪说。

起诉后不久,上海市消保委就收到了三星的整改方案。韩国三星公司大中华区互联网应用与服务中心总监还带着整改方案到上海市消保委针对被

诉事宜做出回应，表示"遵守中国法律是三星的义务，会依照中国法律保障消费者的知情权和选择权"。

2015年9月17日，上海市第一中级人民法院公开开庭审理上海市消保委诉天津三星公司侵权责任纠纷案。庭审中，三星直接答辩完全赞同上海市消保委的起诉主张，并提供《革新方案》及具体说明，证明其已纠正错误，实现了上海消保委起诉要求的对消费者知情权和选择权的保护。上海市第一中级人民法院作出裁定，准予上海市消保委撤诉。这是修订后的《民事诉讼法》《消费者权益保护法》增加公益诉讼相关规定以来，法院首次对进入司法程序的消费民事公益诉讼作出裁决。

江宪认为："案件带来了三赢的效果：消费者的知情权、选择权得到了保障；消保委的诉讼目的得到了实现；三星公司树立了遵守中国法律，有错必纠的大公司形象。不仅如此，案件的溢出效应也开始显现，其他品牌包括国际、国内品牌手机都悄无声息地在其包装盒及说明书中加进预装软件的说明及卸载告知。"

2015年11月13日，上海市第一中级人民法院公开开庭审理上海市消保委诉广东欧珀公司侵权责任纠纷案。在开庭前，欧珀像三星一样，提交了《关于OPPO手机预装软件优化方案说明》，同时承诺："愿意积极配合上海市消保委的监督指导，在落实优化方案的同时，通过改进产品包装、官网等方式，更方便地告知消费者应用软件可卸载的信息及相关的卸载途径。"

鉴于欧珀公司已纠正了其侵害消费者知情权和选择权的不当行为，上海市消保委认为其诉讼目的已经达到，故向法院提出撤诉。上海市消保委同时表示，如果欧珀公司在今后的经营过程中再次出现侵害消费者权益的行为，上海市消保委仍将继续依法提起公益诉讼。"这样说就是要告诉被告以及其它生产经营者，上海市消保委维护消费者合法权益的信念是坚定不移的，也算是消费者组织以及消费者志愿律师对社会的一个庄严承诺吧。"江宪说。

对于这两起案件，上海市第一中级人民法院认为，上海市消保委依职依责提起消费民事公益诉讼,旨在制止并纠正手机制造商未明确告知消费者手机预装应用软件的基本信息、未向消费者提供自主卸载预装应用软件的不当行为,保护消费者在购买、使用手机过程中的知情权、选择权不受侵害。三星、欧珀公司的整改行为,使其消费者得以简便、迅速地获取产品信息,并可根据个人需求直接对预装推荐应用软件的存留进行选择,从而保障了消费者对于手机预装应用软件所享有的知情权、选择权。现上海市消保委申请撤回起诉,申请符合法律规定,亦不违背社会公共利益,故予以准许。

案结事未了继续"破冰", 建立消费者权益保护基金

公益诉讼是一项新制度,上海市消保委的"破冰"具有引领性。

时任上海市消保委秘书长陶爱莲在接受中央人民广播电台采访时强调:"公益诉讼是消费者维权的一种有益补充,在其他的维权途径没有能够达到这样一种目的的基础上,就必须要启动公益诉讼这样一种新的手段。"

公益诉讼的积极作用是显而易见的,可以将不特定多数投资者的个体利益的集合识别为公益,由公共利益的代表为投资者提供权威、专业的服务,代替投资者提起诉讼,有助于降低投资者的诉讼维权门槛、安抚投资者不满,有助于维持社会的稳定。同时,也将大大降低法院此类侵权纠纷案件群体诉讼的案件数量,节约诉讼资源。

《人民法院报》2015年12月2日的评论文章建议:"在法律规定检察机关和省级消协作为原告的基础上,适当拓宽原告资格,探索赋予地市级消协、省级民间组织、行业协会等社会组织以消费公益诉讼权,确保消费公益诉讼可以实现维护消费者权益的目的。"

不过,对于江宪和上海市消保委来说,这两起案件的撤诉,并不意味着"案结事了"。消费公益诉讼附加赔偿问题,是新出现的一个社会难题。

"在三星、欧珀案中，我们只要求停止侵害消费者的知情权和选择权，没有赔偿请求。"江宪说。做出这样的考虑是因为从法理上说，附加赔偿一旦判决下来，是属于非特定消费者群体的，但是在实践中消费者保护组织是"吃财政饭"，赔偿"无处可去"，因此不少公益诉讼都放弃了附加赔偿的诉求。

"如果没有附加赔偿，侵权的企业就没有'痛感'，只会继续'有恃无恐'，法律的威慑力被大大降低。"江宪说。作为上海市第十二届政协委员，江宪在2016年的上海"两会"期间，提交了"关于设立消费者权益保护专项基金的建议"的提案。在提案中，江宪表示，建立这个基金的好处在于能向特定消费群体特别是弱势群体提供法律及资金援助，最大限度地保护消费者合法权益，还可以用于表彰典型、开展公益宣传等，有利于进一步凝聚全社会的共识和力量，营造安全放心的消费环境。

2022年3月，经上海市民政局和上海市社会组织管理局批准，由上海市消保委牵头，上海市消费者权益保护基金会正式成立，成为全国首家地方消费者权益保护基金会。作为倡议者之一，江宪被推选为上海市消费者权益保护基金会的监事。

"基金会的成立，意味着将来消保委提起的公益诉讼附加赔偿有了去处，会被真正用于消费者权益的保护，《消费者权益保护法》可以真正'长出牙齿'，起到对企业的威慑作用。"江宪说。

办案札记

我有幸参与了上海市消保委提起的一个公益诉讼案件，并被认为是法院受理的第一例消费公益案件。作为专业律师，我并不关心是不是第一案，法院受理不受理才至关重要。就专业而言，法院受理案件后将诉状送达被告，被告在规定的期限内做出答辩，或反对或同意或部分同意原告的诉讼请求，然后开庭审理举证质证法庭辩论。只有经过这些复杂的程序输赢才会见分晓、曲直方能辨明白、是非即可得厘清。

在本案中，因为三星、欧珀以整改的方式满足了上海市消保委的全部诉讼请求，案件申请撤诉已成必然。但撤诉申请状要经法院审查，整改方案也须经法院审查，法院审查后确认整改方案保障了消费者的知情权、选择权，上海市消保委的撤诉申请才会得到法院的准许，因此，即便申请撤诉，本案公益诉讼的庭审仍然照常进行，法定程序依次将全部进行到底。

在三星案的庭审中，法庭对三星的整改方案逐一进行审查，随后，审判长让我发表本案的辩论意见。原告已经表示撤诉，法庭还要原告发表辩论意见，这在过往的民事诉讼案件中不曾有过，这可能是一般民事诉讼和公益诉讼的区别吧，也可能法庭想让原告再一次清晰地表达一下本次诉讼的目的以及原告还想表达的其他想法。

我在辩论意见中说："作为依法设立的消费者权益保护机构，其法定职责就是保护消费者的合法权益不受侵害，本次诉讼体现了原告的职责所在；2013年《消费者权益保护法》修订，第四十七条明确了原告可以以自己的名义对侵害众多消费者权益的行为提起诉讼，本次诉讼体现了原告的法定权利；消费公益诉讼本案系首例，没有先例可循，本次诉讼体现了原告坚决维护众多消费者权益的实践勇气。"我又进一步强调原告提起本次诉讼的目的很明确，即坚决对侵害消费者权益说"不"，通过本次诉讼除了纠正被告的具体侵权行为之外，同时也希望未被本次诉讼涉及的其他品牌的手机生产经营者也认识到尊重和保护消费者的权益同样是他们的法定义务。

在辩论意见的最后，我表明了立场："原告不反对手机预装软件，许多预装软件确实给消费者带来了全新的体验，也受到消费者的欢迎，原告也希望有更多给消费者带来全新体验软件的问世。原告反对的是生产经营者漠视消费者权益，侵害消费者权益的行为，再好的软件，消费者也有知情权、选择权。消费者的权益是法律设定的，生产经营者必须维护与尊重。"

法院的裁定使本次消费公益诉讼尘埃落定,作为代理律师走了前人没有走过的路,打了一场前辈以及同辈律师没有打过的中国第一例消费公益诉讼案件,我有如下体会:

第一,从领导的重视到全体消保委工作人员的努力,是本案成功的前提。本案之所以成功,前提就在于消保委秘书处全体人员的精心准备,从秘书长副秘书长到法研部的全体人员,都没日没夜地工作;从梳理消费者的投诉到对市场智能手机的测试,从委托专家对公益诉讼的调研到具体案件起诉的准备,从准备本次诉讼到最后焦点落实在知情权、选择权,无一不是他们精心准备的成果,我作为律师,只是按照消保委设定的路线走了一遭而已。如果说这是一次成功的诉讼,成功的原因也在于消保委全体人员的努力。

第二,找准保护点是本案成功的关键。本案仅仅抓住了消费者的知情权、选择权被侵害而要求被告停止侵权。从案件事实看,描述这两个权利被侵害精准确实,致使被告在庭前庭后均无还手之力,均放弃对事实的抗辩,均同意出具整改或革新方案,使案件的走向明确,消费者受损害的权益将在本案中实现的信念从未变化,重要的是在事实面前两被告的整改也促成了消保委实现诉讼目的、消费者权利保护、被告整改树立公司形象,使得各方皆赢局面形成,都是找准保护点的原因所致。

第三,消费者保护配套法律的建立应该适时提上议事日程。当权利被侵害后给予一定数额的赔偿于法有据,对众多消费财产权的侵害也不少见,但公益诉讼由消费者组织代表不特定的众多消费者,胜诉后的赔偿额的归属无法解决。对此应该建立配套制度,上海能否通过地方立法解决,明确归属消保委组织用于对消费者维权专项费用或成立一个消费者维权基金,赔偿额归属该基金,建议消保委组织专家对此作专题研究。如此,消费公益诉讼才会向纵深发展,消费者权益将能得到进一步的保护。

江宪律师

四

十

年

四

十

案

非 讼 案 件 篇

护航百年大世界华丽转身

沈嘉禄

"不到大世界,枉来大上海",这是上海流传的一句口头禅。2017年3月,有百年历史的上海大世界经过十多年的修缮,再次向公众开放。重开后的大世界以"非物质文化遗产"与"民俗、民族、民间"为主题,不仅保留了代表性的哈哈镜、大舞台等经典场景,同时还加入了数字非遗、戏曲茶馆、传习教室等。在百年大世界的华丽转身中,上海市联合律师事务所的律师团队在国资管理、公司运营、知识产权、文化传媒等各领域,为大世界重新开放运营项目提供全程法律支持,推动了项目良好、有效、规范的运营。

重建项目牵涉许多法律问题

大世界建造于1917年。它曾是"远东第一游乐场",吸引过全球的娱乐玩家;曾是百戏杂陈、名家荟萃的演艺码头,是名角首选的登台亮相的地方;也曾是培养了一代青年文艺人才的"上海市青年宫"……这是一个承载了几代人美好记忆的地方。

今天在大世界乐而忘返的年轻人,绝对想象不出二十年前这里的情景。2003年,大世界因为设施陈旧、存在公共安全隐患暂时关闭。在此后的十多年里，这幢位于西藏中路延安中路拐角的标志性建筑在滚滚车流中尤显孤单、落寞。有关大世界何去何从的猜想，从未停止过，当然这些猜想也从未付诸实施，更谈不上兑现。

达成共识的一点是，大世界重新开放的前提是进行修复加固。

大世界是上海文物管理委员会确定的一件地面文物（相当于省级）。按照《威尼斯宪章》的精神，每一块砖的修复都必须体现历史的真实性。当年黄楚九靠一点启动资金造起了大世界，但老照片告诉我们，1.0版的大世界与摄影棚相差无几，后来经过几次扩建才形成了今天的格局，所以它的基础相当脆弱。地铁八号线从大世界塔楼下面穿过时，施工方发现建筑的桩头竟然是木质的，不少已经腐烂。墙基质量也很差。1917年黄楚九建造大世界时，水泥还是非常昂贵的，是装在铁皮筒里运输、销售的，所以混凝土里的水泥比例不高。在20世纪70年代初，因为挖防空洞，沿西藏中路的建筑外墙就出现了很宽的裂缝。

更让管理方头痛的是，由于历史的原因，大世界产权很不清晰。曾有七八家建筑公司来洽谈修缮项目，最后都失败了。

大世界重建项目由黄浦区委、区政府具体负责牵头，项目筹备伊始即受到上海市委、市政府的高度重视。各方面都投入了优质资源，在法律服务的配套方面，选择的合作伙伴是上海市联合律师事务所。

项目初期，联合律师事务所接到的工作指令主要集中在项目的维护、运营法律服务，以及演艺、展览、餐饮、教育等的招商法律服务上，但进场后，很快就发现项目历史背景和诸多单位形成的错综复杂的法律权属状况和法律关系复杂性对于项目工作推进带来了很大难度。

就法律角度而言，大世界整体物业由延安东路四百五十七号、四百三十三号两栋物业组成，竣工于1925年的四百五十七号大楼和竣工于1930年的四百三十三号大楼分属不同房地产权证。产证权利人为大世界投资管理公司，系文广集团及新世界集团下属合资单位,不仅涉及项目公司自身的公司治理要求,还涉及股东企业、事业单位管理要求。

除业主单位外,大世界此前运营单位还有市级事业单位大世界游乐中心,项目工作还涉及大世界(集团)公司、大世界股份有限公司、大世界实业总公司等多家单位;此外,以"大世界"命名的关联或非关联单位多达四十多家。项目法律关系的清理、权利义务的梳理以及项目运营的管理任务异常艰巨。

成立传艺公司,暂时解决所有权难题

法律条文不能解决所有问题,它负责划好红线,而不负责开启思维,所以在中国快速发展的背景下,在各方利益激烈博弈的棋局中,优秀的律师必须要有创新意识和务实精神。

在大世界重建项目启动后,朱洪超带领汪丰、毛竹、高汉青等联合律师事务所骨干律师,参与了大世界产权的梳理工作。"我们进去后,施工队来找我们,说要跟甲方签合同,但他们找不到甲方。梳理了一下,业主单位、运营单位、关联单位数量之多,让人咋舌。"汪丰提及这段回忆时仍不免苦笑连连。

面对项目现状,经过全面的法律尽职调查掌握各方面法律状况后,联合律师事务所积极与各方单位进行沟通,在黄浦区委组织的多次协调会充分讨论和协商后,运营各方达成一致,采纳了"所有权-运营权"分离、"资金运营-项目运营"分离的方案,剥离了项目原有债务和冗余人员等,通过创设"上海大世界传艺中心"并由物权人、国资管理授权人充分授权,为项目运营厘清了法律主体和权利义务,为后续大世界重启的修葺和招商奠定了良好的法律基础。

"接下来我们就集中精力推进项目的签约进程。施工合同要找说话算数的甲方,传艺中心成立后,负责招标、签约、审核图纸、支付工程款、聘请监理等，我们负责从法律层面保驾护航。"汪丰说。

由于时间的紧迫性，各项工程所牵涉的法律文件的质量和效率都对联合律师事务所项目团队提出了更为严格的工作要求。

各种合同雪片般飞来

施工队进场之后，各种合同雪片般飞来，涉及采购、拆除、施工、仓储、安装、安防、劳动等方方面面，这还是修缮阶段，这些合同需要律师审核、把关，不能留下任何缺陷。汪丰说："责任最大的就是财政下拨的资金，国资要维护好，不能多花钱、乱花钱，每一笔钱都要用在刀刃上。"

本着对历史负责的态度，项目团队在审阅海量合同的同时，对合同内容也提出了中肯的建议。"大世界是文保单位，建筑本身就是不可移动的文物，如何保留原有的历史风貌，又要注意施工安全，为今后的文化注入腾出足够的空间，是我们面临的又一个难题。搭好台，搭一个稳固的台，才能把戏唱好。"作为团队负责人，时任联合律师事务所主任的朱洪超说。

项目团队找到档案部门，把与大世界有关的老照片和文献全部看了一遍，做好记录和备文。在项目团队的建议下，甲方对施工方提出明确要求：还原历史真实，不得任意改变建筑风貌。在宁海东路的南墙，根据整体建筑的风格特征，做了一排铺面，不仅美化了街区，也弥补了历史缺陷，使整个建筑浑然一体。社会反响很好，媒体也给予了积极肯定的报道。

从工程进度，到施工质量要求、竣工尾工要求，甲乙双方都签订了严格的合同责任。此外，合同条款由联合律师事务所团队严格把关，全部走政府采购的招投标流程，保证国资和项目公开性和完整性。

朱洪超表示，这次的合同比以往任何一个施工合同更加严苛，因为这是个关乎上海城市历史记忆的重要项目，也是一个对全世界有所交代的恢复记忆的重要文化项目："对我们来讲比迪士尼乐园开张还要重要。"

招商运营遇到新情况

大世界重新开张,厘清产权是第一步,修缮是第二步,招商运营是第三步。行百里者半九十,这第三步因为直接面向市民游客,显得更为关键。

除了传统的商铺、餐饮相关的场地租赁外,演艺、展览、教学、文化等诸多项目的合作和开发也同步进行。毛竹律师是负责这一块的。这位青年律师为项目团队贡献了新的信息和思路,他清晰地意识到:大世界的百年焕新,重点在于一个"新"字。

"大世界如果按照过去的套路,演传统的越剧、沪剧,可能观众还是以前那一批。现在观众的欣赏品味,已经不仅仅局限在地方戏、杂技、滑稽戏以及后来的海派清口上,他们希望看到更多的新东西,也就是说,大世界的焕新一定要融入时代的审美。"朱洪超对团队提出了要求。

"演出不仅是在现场呈现,其声光与影像,甚至连作为背景的建筑和场景,都可能被上传到网络。这样一来,演出就具有了互联网信息传播的特征,它的分支和末端有多少个,分别在哪里,我们都要清楚。这种变化不仅是对管理方的要求,在法律界也是一个新课题。"毛竹说。

"比如,某个网红把大世界的演出做成小视频或者拍成照片,上传到网络,就涉及知识产权问题。需要界定的是,网红的制作是对大世界权益的合理的开发利用还是出于私利的侵犯?再比如,很多演出都是共同共有的,"开心麻花"团队曾经帮大世界做了一个舞台剧,人物设定、环境设定、故事情节,包括所有的台词都是固定的,对于大世界来说,有没有权利把这个剧目放到其他的大世界去?如果可以演的话,是不是必须要一模一样?可不可以在原来的基础上进行一些修改,比如把名字换掉,把剧情改一下,或者再找个编剧来编故事?这里面牵涉到剧本的著作权问题。"毛竹说。

针对不同商业形态、文教活动不同的法律特性,联合律师事务所项目团队及时制定了大世界运营中租赁、服务、合作等形式的合同模板，确保了商业利益的整体统一，同时对于各个环节各项活动特性化的事务也及时配合合同各方修订了相关合同条款，进一步完善了大世界运营阶段的合同审批和管理制度，确保了大世界项目的法律权益和商业、演艺、票务、文旅等各方面活动的顺利开展。

继续合作，共创大世界美好未来

"从项目本身来说，联合律师事务所尽管遇到了挑战，但一直在向着既定目标稳步推进。我们很高兴能够按照市政府的要求完成项目重启，但责任感还在推着我们往前走。"朱洪超说。

在大世界的运营步入正轨后，联合律师事务所项目律师团队继续作为常年法律顾问服务至今。七年以来，除为大世界日常运营中所涉及的场地租赁与商铺运营、剧场展览演出、演艺项目合作、IP开发与保护等各类事项持续提供法律支持外，项目团队还就"大世界·珠溪剧场合作项目""大世界基尼斯魅力榜""大世界数字院线""大世界演艺资源交易平台""大世界演艺夜市"、《中国好声音》、"开心麻花"合作剧目等多个重点项目提供方案及法律风险论证、文本草拟、谈判修订、知识产权体系构建等全方位综合性法律服务，服务质量和水平得到大世界的持续肯定与好评。

值得一提的是，通过一系列法律事务的处理和配合，项目团队进一步理解和认识到大世界的独特品牌价值和无形资产的重要意义。为此，项目团队针对该方面项目特性，在大世界原有三十八个注册商标的基础上，制定了商标管理、著作权管理的特别管理制度，对于运营所涉及的注册商标申请、授权许可以及各项活动中不断开发和累积的图片、作品、节目等各方面著作权权益保障，建立了完善的法律管理机制。

2021年7月，上海发布《全力打响"上海文化"品牌深化建设社会主义国际文化大都市三年行动计划（2021—2023年）》，其中明确提出打造"亚洲演艺之都"的目标。2023年全年大世界演艺消费集聚区演出将近六千场，全年接待入场观众及游客数超一百万人次，成为全国演艺空间最密集、演艺形态最丰富、演出场次最多、年轻观众复购率最高的演艺文化地标，有望引领行业沉浸化、互动化、智能化的发展潮流。

朱洪超说："现在大世界的文化产品立住了脚，吸引了更多的年轻人，产生了足够的文化影响力，它的重新开张符合广大人民群众的愿望。很荣幸能和大世界继续合作下去，一起共创大世界的美好未来。"

办案札记

在联合律师事务所的工作电脑里，保存着自2016年接受委托开展大世界项目工作以来，联合律师事务所经办的绝大部分合同，大概有两千多个。按照联合律师事务所专业的合同管理要求，项目团队制作了专门的模板，并将合同分门别类。

比如，在运营类的项下，就有多媒体开发、市场展演等多个分支。项目进行过程中，我们还与时俱进，对于不断出现的虚拟作品、数字作品、互联网、APP等各种形式的事项和活动，及时更新相关合同、法律文件。

在大世界焕新的过程，是市民游客对这百年建筑重新认知的过程，也是我们律师团队知识更新的过程。大世界百年，每一步都不容易，我们的二千多个合同，每一份都是心血之作。在这个过程中，我们付出了艰辛的劳动，做出了有效的尝试，也为以后的业务拓展积累了宝贵的经验。

毛竹律师

助力浦发银行百亿再融资

徐进

一

奥运圣火在北京升起，唤起了举世的关注和热情，但对于国内证券市场来说，2008年却似乎是个冬天。受国际金融危机影响，国内A股一路下跌，市场情绪也跌入低谷。面对银行业务的激烈竞争和市场布局的快速拓展，浦发银行为解决发展所急需的资本金问题，不得不顶着巨大的舆论压力，启动了让市场"伤筋动骨"的增发。2009年9月30日，在对市场"伤害"最小的前提下，募资约一百四十八亿元的增发融资项目成功完成，为浦发银行下一步发展注入了源头活水。上海市联合律师事务所再度担任浦发银行的公司律师，为此次非公开增发出具法律意见书、律师工作报告，并起草、审核了其他此次非公开增发所需的申报文件。

弱市增发，银行业普遇困境

作为上海证券交易所上市的第一只银行股，浦发银行选择了联合律师事务所作为IPO发行人法律顾问。此后作为法律顾问，联合律师事务所先后配合浦发银行完成了2003年1月16日和2006年11月29日的两次增发，并为浦发银行历年来的次级债、金融债等债券项目提供法律服务。用汪丰律师的话说，就是浦发银行和联合律师事务所一起"完整经历了商业银行、银行资本管理法律规定从无到有，并逐渐完善的全过程"。

　　浦发银行在1999年上市后，业务发展迅猛，至2008年，已经由1999年一家下属十家分行的中小银行跃升为下属三十三家分行、总资产规模达一万六千三百四十三亿元的全国性商业银行。根据政府对境内商业银行资本充足率方面的硬性规定，浦发银行在规模快速扩张的同时，对于资本补充的需求十分强烈。当时浦发银行多名高层均表示未来想在香港开展业务，但香港对资本充足率的要求更高，以浦发银行当时的情况是无法满足要求的。

　　解决资本补充问题，最直接的方式就是直接增加资本金，可选择公开增发、非公开增发、配股等方式。2008年年初，浦发银行启动融资，并确定了公开增发的方案。这基于当时的市场情况总体还是积极、向上的。2007年10月沪市创造了六千一百二十四点的高位，在2007年全球市场里，沪市的涨幅位列第一。很多人觉得股票还会涨，更多的场外资金会源源不断地涌入A股。在这种情况下，浦发银行的公开增发，并不会让市场"伤筋动骨"。

　　不过，A股在2008年的走势让评论家大跌眼镜。在"跌跌不休"中，低点距离2007年10月的高点下滑了70%。究其原因，既有美国次贷危机蔓延后导致全球金融危机的因素，也可能是因为在A股连续上市了几家"巨无霸"企业，以及中国平安、民生银行等同业机构先后公布定增计划抢闸融资，严峻形势造成资金面"缺血"。在这种情况下，浦发银行的公开增发，就面临着一个巨大的困境。

多次论证，增发方案终调整

　　作为浦发银行的法律顾问单位，联合律师事务所提前介入了浦发银行的融资。工作团队由朱洪超、江宪担任项目负责人，团队成员包括汪丰、徐隽文、姜林、胡雪、罗茜、王皓、许建军等。

在方案选择过程中，工作团队根据各类法律法规，为浦发银行的各类方案的合法合规性和可行性提供法律论证和法律判断。"在当时的条件下，选择公开增发，是基于市场的考虑，后来做出改变，同样是受到了市场的影响。"汪丰说。

当时市场正处于牛熊交替时期，市场上多家重量级的上市公司却不约而同地抛出了增发方案，这让各路人马意见很大。2008年2月，浦发银行公开增发的非官方消息传出，市场上比较激烈的反应就出现了：2月20日，浦发银行遭遇跌停，这是浦发银行上市以来的第一个跌停板。

同时，政府的监管力度也空前严格。"在评估法律风险的时候，我们注意到浦发银行通过公开增发的方式融资，涉及金额较大，可能会对市场造成比较大的影响，这会引起监管部门的高度重视，行政审核的流程会变得很长，时间会拖得很久。这会造成增发无法在确定的时间内完成。"汪丰表示，在警示风险的同时，工作团队配合中介机构对各种后备融资方案的合法性进行了法律分析，为确定当前的最优方案，提供法律依据。考虑到时间紧任务重，工作团队同步开展了尽职调查工作，确保方案继续执行（或者调整）后，能按时完成增发。

在综合考虑发行效果、长期影响以及发行风险和法律障碍等因素后，浦发银行于2009年初最终选择了将融资方案修改为非公开增发方式。由于时间紧迫，留给联合律师事务所开展资产尽职调查、分支机构调查、关联企业调查的时间已经不多了。

全方位服务，为增发提供保障

资产尽职调查涵盖全国范围内浦发银行总行、三十三家分行、一百一十七家支行的重大资产（全国千余项自有房产及租赁物业）、全行六百多项金额超过二亿元人民币的重大银行交易，以及其银行业务中的众多重大诉讼案件等。

由于这些分行、支行遍布全国各地,工作强度非常大。

在浦发银行1999年上市的时候,尽职调查工作在十个城市展开,以当时联合律师事务所的人力,几乎是全所一起参加了尽职调查。2008年做尽职调查,联合律师事务所的工作团队要去三十个城市,对分支机构设立和经营的合法性和合规性,以及名下的物业,进行有重点和有选择的调查。

以物业尽职调查为例,根据商业银行的经营特点,每家分支机构的营业或办公场地,要么是自有物业,要么是租赁物业。因为各种各样的原因,部分物业证照不齐全,有的甚至在竣工运行后仍无法取得产权证明文件。"我们事先已经考虑到了难度,但每个城市出现的问题并不一样,随时都有根本想不到的情况发生,需要我们逐一甄别风险,找出瑕疵。这样一来,不仅工作量增加了,人力成本和时间成本也都明显增加了。"汪丰说。

同样需要工作团队花费大量时间去梳理的,还有浦发银行下属控股和参股的子公司,包括基金公司、城市商业银行、村镇银行、外资银行等。工作团队对这些公司进行了较为详细的尽职调查,对可能存在的风险,如同业竞争等情形,都一一做了排除。

工作团队还配合券商、会计师等中介机构,对浦发银行增发的实质条件、公司内部决策程序、投资者沟通等方面进行审核,并提供辅导。同时,工作团队还参与了公司董事会、股东会以及中介协调会议,为最后做决策及时提供各方面的法律建议。

工作团队全方位的法律服务还包括:配合浦发银行与相关主要股东的沟通和联系、与国有资产管理部门联系,并协助完成申报工作等。这些间接工作也为增发工作的顺利推进提供了保障。

增发成功,联合律师事务所喜获大奖

根据《上海证券报》报道,2009年5月,浦发银行召开了2008年度股东大会,以99%以上的赞成票审议通过了非公开增发一百五十亿元左右A股和不超过一百五十亿元的次级债券的议案,以补充资本金。8月21日,浦发银行向中国证监会发行审核委员会递交了非公开定向增发A股股票的申请。根据审核结果,浦发银行本次非公开发行申请获得有条件通过。

通过向九家特定对象发行人民币普通股,浦发银行募集资金约一百四十八亿二千七百万元,资本充足率和核心资本充足率大幅上升,满足了监管部门对资本充足率的要求,推动了新业务和其他经营活动的开展。增发达到了预期的效果。

在这一过程中,联合律师事务所工作团队优质、高效的法律服务工作获得了浦发银行以及各方中介机构的充分肯定。这个项目后来荣获当时卢湾区司法局评定的"最佳证券法律业务大奖"。

办案札记

该项目既是一个平凡的项目,也是一个艰巨的任务。

平凡是因为该项目形式相对简单,法律依据包括《中华人民共和国公司法》《中华人民共和国证券法》《中华人民共和国商业银行法》《股票发行与交易管理暂行条例》《上市公司证券发行管理办法》《上市公司非公开发行股票实施细则》。从适用的法律法规看,这只是一个普通的增发融资项目。

说任务艰巨,是因为项目启动初期,在国际金融危机的覆巢之势下,A股无法幸免。在这个非常时期,市场对于上市公司的再融资极为敏感,大规模融资将成为众矢之的。除了市场压力外,留给我们工作团队的时间并不宽裕。要在限定的时间内完成如此巨大的尽职调查任务,并配合券商中介制作完成增发法律文件,工作量和工作强度都很大。

能打硬仗是联合律师事务所的特点。工作团队迎难而上,在历年已有资料的基础上，按照申报的时间要求，制定了详细而高效的尽职调查工作计划，科学地制定了数据库格式和往来文件格式，优化了各地分行的调查行程和步骤。在浦发银行决定由公开增发调整为定向增发后，工作团队又及时制订了相应的配套工作计划，按时完成了方案变更后的全部法律文件工作。

从1998年接受委托为浦发银行提供IPO法律服务，到此后高效配合2010年中国移动通讯集团有限公司入股四百亿元定增、2014年首家银行优先股预案公布后三百亿元优先股成功发行、2017年近一百五十亿元收购上海国际信托有限公司，联合律师事务所在二十多年熊牛转换的风风雨雨中，始终如一地提供着法律方面长期稳定的优质服务，见证了浦发银行在资本市场以及银行业的不断飞跃，也不断延续着联合律师事务所在法律服务市场耕耘中展现出来的扎实基础和业务风范。

汪丰律师

当好上海世界游泳锦标赛的"智囊团"

陈烺

第十四届国际泳联世界锦标赛于2011年7月16日在上海举行,这是此项赛事首度落户中国,也是中国当时承办的规模最大、规格最高、参赛人数最多的世界单项体育大赛。国际泳联主席胡利奥·马格里奥尼赛后评价:"这是迄今最好的一届世锦赛,感谢上海!"

"最好的一届"好在哪里?硬件顶级的场馆、无私奉献的志愿者、严密完善的安保措施、文明热情的观众,精心编排的开闭幕式表演……在这些可圈可点的亮眼表现之外,还有一个极为至关重要的领域,虽默默无闻却同样出彩,这就是堪称"幕后英雄"的法律服务。

这项任务的承担者,是来自上海市联合律师事务所的律师团队。

提供全程全方位法律服务

2007年3月24日,国际泳联宣布,将第十四届国际泳联世界锦标赛的举办权授予中国上海。

申办成功的喜悦几乎是转瞬即逝,随之而来大量繁杂细碎的筹备事务很快将人压得喘不过气来。

国际泳联世界锦标赛赛期十六天,项目包括游泳、跳水、花样游泳、水球、公开水域五个大项,参赛运动员、教练员和官员来自一百八十一个国家和地区,共有五千七百二十四人,这样的规模和赛事准备让筹委会一下子进入了"全年无休"的工作状态。

主赛场东方体育中心在开幕倒计时二百天的时候落成了,水的元素无处不在——独特的室外跳水池坐落于人工湖的岛上,屋盖结构为"半月"形平面,观众可以从不同角度欣赏整个东方体育中心,纵览黄浦江两岸的水岸景观;综合体育馆设计成一个向上抛起的波浪;游泳馆则由一个拱形形体排列构成,犹如层层波浪……

相比夺人眼球的场馆落成,一项为赛事全程提供法律服务的工作,在更早的时间就已悄然起步了。律师团队的主要负责人汪丰表示,用"兵马未动,粮草先行"来形容再恰当不过,因为第十四届国际泳联世界锦标赛的法律服务贯穿全程,在筹办、招商、运营、后续支持等环节无处不在。

说起来,联合律师事务所律师团队能够接受组委会的聘任,担任第十四届国际泳联世界锦标赛的赛事专项法律顾问,也是厚积薄发。早在2003年,律师团队就开始为2007年在上海举办的世界夏季特殊奥林匹克运动会和2005年上海国际田径黄金大奖赛提供了全程的法律服务,国际赛事服务的经验和体育法律师团队的专业,令他们脱颖而出。

2008年1月,由上海市三十三个委办局参与的赛事筹委会正式成立,场馆建设、赛程安排、赛事宣传、市场开发、接待保障、交通安保,以及开闭幕式策划、志愿者服务等各项赛事筹备工作按计划有序推进,其中的每一项几乎都离不开法律支持。

从2010年起,律师团队开始全面地参与了赛事的筹备工作,团队由曾获得第一届"东方大律师"称号的江宪挂帅,王皓律师负责泳联文件和涉外文件、周晶律师掌管国内合同文件、徐隽雯律师把关合同审理,汪丰律师则以筹委会法律顾问的身份,参与了和国际泳联的谈判沟通、赛事筹办过程中的文件往来、市场开发、资金安排、设施建设、设备采购、服务外包等事项,并负责相关法律审查、咨询以及内部讨论等工作。

国际泳联世界锦标赛法律服务最大的挑战之一，就是"高度国际化"。律师团队不仅需要拥有深厚的《国际法》《民商法》《诉讼法》等法律功底，全过程深入了解国际体育赛事的筹备、承办、运营、管理，还要具备丰富的涉外法律业务经验、良好的外语表达沟通能力和法律文书起草能力。

走上这样一条全过程、全方位的法律服务之路，其中的艰辛可想而知。

量身定制统一的合同模板

参与国际法律服务，是中国国内专业法律服务机构服务升级的必然趋势，在这里，我们不得不提及上海市司法局的前瞻性。早在1999年，市司法局就开展了一项"选派律师和律师助理出国留学"工作，汪丰正是当年司法局选派的律师精英之一。在英国赫特福德大学法学院的学习经历，他获得的不仅仅是一个法学硕士学位，更重要的是打开了一扇眺望国际视野的窗户，增添了一份自信。更加幸运的是，在数年以后，这样的经历令汪丰有了一显身手的机会。

根据国际泳联《主办城市协议》和《实践与程序官方手册》的相关规定，律师团队提出了要抓住关键节点、紧盯关键环节履行合同义务。比如，组委会应于赛前指定时间向国际泳联递交赛事活动方案、完成赛事推广宣传、落实赛事场地和器材、安排运动队及技术官员住宿酒店等。在这一系列方案中，除了组委会和国际泳联的合同以外，还有大量的下游合同需要落实和履行，法律服务的工作量之大超乎想象。大到什么程度？仅以采购为例，其下就有三四千个细分小项。"我们的手里都是大项目，其中每一项都需要律师的服务把关。"当年负责赛事筹委会办公室事务的徐越回忆说。

律师服务把关到什么程度？比如，在一个分类的采购项目中，由于当时中国的体育赛事招投标工作还没有正式启动，所以缺乏相应的规范流程，而数十家甚至上百家供应商应标的合同又是各搞一套，五花八门。于是，律师团队设计了一个统一的采购合同模板，这样做的好处有三点：一是可以保证遵守《主办城市协议》，二是可以统一标准化，三是可以大大提高工作效率。

这是一个世锦赛法律服务的具体案例。汪丰解释说，"制作统一的采购合同模板，需要按照组委会的要求，结合采购的情况，预计大概会发生哪些问题？当然国际泳联的相关规章是必须遵守的，比如食品采购标准中有反兴奋剂和能够溯源的要求，我们一定坚决执行。2011年的时候，国内的食品供应大多数还做不到溯源，我们就把这个硬指标加在了合同里面。最后，我们还要考虑到组委会采购的特性和覆盖的面，再结合《合同法》的情况和常见纠纷及可能发生的诉讼争议，最终制订了专门的赛事采购合同模板。"

"不仅是合同条款的完善，对主体的审核也同样重要，当时还没有企查查、天眼查这样的便捷平台，这又是一个很大的工作量。"汪丰说。"记得当时有一家餐饮公司投标承包赛事的工作人员食堂，产品质量符合合同的要求，但是我们在主体审查中发现，它的注册资本很低，还不到100万元人民币。从律师的角度判断，万一发生违约，要承担违约责任，供应商主体要有钱赔。最后我们向筹委会建议，要么，它增加注册资本充实资金实力，要么换一家。因为根据国际泳联的要求，那么低的注册资本，所对应的资金实力和履约能力明显无法应对这样高规格的赛事，资质不符合要求。"

可以说，游泳世锦赛成功的每一个细节都隐藏着法律服务的身影。

律师团队让底气变得更足了

国际赛事法律事务具有特殊性和复杂性，要求律师团队善于灵活性地解决法律法规与赛事惯例之间的差异。例如，就国际泳联提供的《主办城市协议》而言，该协议被视为主办城市和中国游泳协会向国际泳联做出赛事承办的承诺后,将承诺转化为书面形式的义务约束,而且该协议属于格式文本,主办城市和中国游泳协会很难有谈判空间或修改余地。所以律师团队需要在了解国际泳联宗旨和遵循赛事惯例的基础上,妥善处理其与政策法律习惯认知的冲突,避免陷入先入为主的误判。

徐越说:"律师团队的保驾护航,让我们在很多事情的判断和处理上,有了底气。"

"比如我们在和国际泳联代表公司沟通时,因为拿到的都是中文翻译文件,所以在探讨和争论一些主办方权益的时候,经常会有一种左右进退、难以把握的感觉,有时候出于保险起见还会自缚手脚。每当这个时候,汪丰律师总是拿出英语的原版文件,对一些英语的词汇进行细抠,有的文件还是法语表述,在英语、法语词汇有歧义的地方,律师为我们找到了谈判腾挪的空间。"徐越介绍道。

众所周知,大型体育赛事的发展离不开商业赞助的鼎力支持,游泳项目也不例外,尤其是市场开发计划、赞助商利益回馈和体育赛事转播权等。所以,律师团队除了当好赛事的"智囊团"合理把控风险外,还要重视国际体育赛事的经济效益,秉持以赛事为媒赋能商业的理念,谙熟国际赛事商业及盈利模式,厘清关键风险点后提供可行性解决方案。

因为世界级的体育赛事被誉为"体育产业链上的明珠",所以国际泳联世界锦标赛吸引了大量的国内外观众和媒体,其商业价值不言而喻。于是,律师团队充分发挥商业思维优势,结合之前服务国际大赛的法律实务经验,围绕产品/服务类别排他权、无形资产使用、广告机会、现场展示、市场开发支持、款待计划和荣誉待遇等事项,介绍赛事赞助的相关法律问题,并指出在防控风险的同时,需多维度、多层次释放出赛事品牌价值,让赛事成为带动体育产业链发展的关键引擎。

这样的建设性分析和意见,得到了赛事组委会的肯定,于是,具有高度关注度和社会影响力、又获得充分赛事收入和商业价值的第十四届国际泳联世界锦标赛，成了国际泳联主席口中"最好的一届"。

办案札记

　　体育竞技，尤其是国际大型体育赛事，不只是运动员个人技能的比拼，更是一国法律制度与国际规则接轨的体现。所以国际体育法律服务应具备跨学科融合、多维度整合的特点。法律服务人员要兼具国际化视野和本土化经验以及专业化的知识。

　　在本案中，举办第十四届国际泳联世界锦标赛是一项庞大而复杂的系统工程，联合律师事务所作为该赛事专项法律顾问，全程深度参与从赛事筹备、承办、运营、管理，到后续运维，时间跨度将近两年之久。

　　对外而言，我们既要了解国际泳联宗旨和遵循赛事惯例，妥善处理法律法规和政策习惯认知的冲突，避免陷入先入为主的误判。同时，也要通过专业化促国际化，运用良好的外语表达沟通能力和丰富的涉外法律业务经验，与国际泳联等外部组织保持良好沟通，借此实现全方位对外沟通交流矩阵。

　　对内而言，以合同和文件的法律审查为抓手，一方面推进赛事法务工作的标准化建设，提高多部门联动工作效率；另一方面把握关键节点、紧盯关键环节履行合同义务，全盘考虑风险防范和应急处理。这些对赛事专项法律顾问的专业能力、沟通能力和统筹能力都提出了很高的要求和挑战。我们不妨这样理解，回溯第十四届国际泳联世界锦标赛的整个法律服务过程，无论是赛事的筹备和承办，反兴奋剂等制度、纪律的严格执行，还是赛事品牌价值和商业价值的释放，法律的精准指导与严格规范都起着保驾护航的作用。

　　体育竞技场上的每一次胜利和欢呼，是法治精神与体育精神深度融合的硕果。伴随着体育产业的持续发展，法律的角色愈加关键，它不仅守护着赛场上的公平正义，更引领着体育及其产业规范和蓬勃的成长。作为《中华人民共和国体育法》的实践者，我们要努力向世界推介中国法治实践，为推动体育法治建设做出积极贡献。

汪丰律师

上海花园一期: 上海侨汇房按揭第一例

王家骏

始于20世纪70年代末期的改革开放引发了大量外资进入中国, 其中包括一些海外华侨回乡参与经济建设。当时, 上海的居住条件还非常落后, 据上海市住房城乡建设管理委员会原巡视员庞元撰写的《喜看百姓安居乐业》一文介绍, 十一届三中全会以后, 上海理论界开始对住房的商品属性进行了探索。1979年, 上海建设了一批侨汇房并进行出售试点, 迈开了住房商品化供应的步伐, 也是对住房统一分配制度的突破。

1989年, 张国新律师从嘉兴回到上海, 到联合律师事务所工作。当时, 上海的商品房建设刚刚起步, 特别是针对归国华侨开发的侨汇房有一定的市场。侨汇房是大宗商品, 如果全额付款, 将对销售带来一定的难度, 而在美国、新加坡、香港等境外个人申办购房抵押贷款时, 也碰到了很多问题。律师参与房地产金融市场、为境外个人提供购房抵押贷款法律服务是国际上通行的做法。张国新参与了新中国成立以来上海首家中资银行向境外个人发放购房抵押贷款的法律服务, 可谓第一个"吃螃蟹者"。

中方出地外方出资, 共同打造上海花园

1969年到贵州插队落户, 1984年到嘉兴市第二律

师事务所工作的张国新,回到上海后,亟待打开自己的业务局面。

当时,联合律师事务所副主任朱洪超提出了"两翼齐飞"的发展战略,就是要立足诉讼业务,发展非讼业务。张国新经人介绍,担任了上海福龙公寓有限公司的法律顾问。

上海福龙公寓有限公司是由当时的上海县梅陇乡城乡建设公司和新加坡的商人张汝佩合资成立的房地产公司,由上海县梅陇乡城乡建设公司出土地,张汝佩出资金,双方在莲花路开发上海花园项目。

当时,包括上海花园项目在内,一共有三块土地采用这种模式开发,其中之一是大名鼎鼎的静安希尔顿宾馆。

这个项目还有一番周折。当时上海有个环球生物公司,负责人是著名科学家谈家桢,他是民盟成员,张国新的父亲张中律师也是民盟成员。谈家桢经常请张中提供法律帮助,向他咨询一些法律问题。

环球生物公司利用谈家桢的知名度和影响力,在引进外资方面做了不少工作,新加坡商人张汝佩就是经环球生物公司介绍和梅陇乡城乡建设公司合作的。

张汝佩和谈家桢一样,都是浙江宁波人,在新加坡做码头生意。对于和梅陇乡城乡建设公司的合作,张汝佩抱着审慎的态度,他甚至送给宁波国际技术开发公司2%的股份,请他们派人到上海来,参与上海花园项目的建设。

一期开发大获成功,抵押贷款亟待破局

据张国新回忆,上海花园一期开盘仪式在南京西路上的锦沧文华大酒店举行,主要面向海外购房者,引起市场的高度关注。但当时上海为境外个人提供购房抵押贷款的业务尚未开发,对于喜欢通过按揭方式购房的境外个人来说十分不便,也影响了销售。

福龙公寓有限公司的外方投资者希望律师提供购房抵押贷款业务,更好地推动楼盘销售。张国新和福龙公寓有限公司的中方董事长和外方总经理一

起，到位于江西中路的交通银行上海分行洽谈相关业务。

对于这个新兴的业务，交通银行上海分行也很感兴趣，他们的法律顾问、上海金茂律师事务所李志强律师提出，要有开发商的反担保，这样就能确保贷款安全。

法律出版社出版的《律师的舞台——李志强执业手记》一书中《境外个人购房抵押贷款律师实务》一文披露：

由于购房抵押贷款牵涉买卖、借贷、抵押等多项法律关系，境外个人在申办过程中有多重主体资格：在购房时是买方，在接受银行抵押贷款时又以借款人和抵押人身份出现。有的境外个人在境外办理委托书的法律手续，但委托书仅有委托人单方签署，受托人抵沪后以借款人和抵押人身份与银行订立有关贷款和抵押的法律文件。为了明确认定签约的主体资格，准确把握签约人的真实意思表示，保障购房抵押贷款业务的顺利开展，律师要求受托人到事务所在律师面前书面声明已接受委托人的委托，全权代表受托的境外个人与银行签订《房产抵押贷款合同》和《抵押协议书》，领取有关契证及办理保险等手续。律师为受托人出具见证书，证明立声明人在律师事务所及律师面前亲笔签名属实。

由于年代久远，张国新无法提供更为详尽的具体内容，但李志强撰写的《境外个人购房抵押贷款律师实务》一文，保留了许多真实的信息：

抵押协议书是作为抵押人的境外个人与作为抵押权人的银行之间订立的法律文件。它明确境外个人与房产商签订的《预购房屋合同》下的抵押人的全部权益及房产（包括与房产有关的一切随附设施）为抵押物。在房产建造期间，由于房产尚未最终形成，根据工程进度，境外个人逐项地将抵押物全部抵押给银行，并办理抵押登记手续，保证银行为第一受益人。在房产竣工交付使用后，抵押人将其与房产商签订的《房屋买卖合同》项下抵押人所购置的房产作为归还贷款的抵押物抵押给抵押权人。若境外个人到期未偿还包括贷款本金、利息和其他应付费用，银行有权对抵押物加以处置并拥有优先受偿权。境外个人还须到银行指定的保险公司办理抵押物的保险手续，并注明银行为第一受益人。

律师作为境外个人的见证人应着重审查抵押人在《抵押协议书》中所作的陈述与保证条款是否真实、合法、有效。如果抵押人违反陈述与保证的义务，作为抵押权人的贷款人银行可以依据协议书采取相应的救济措施。陈述与保证条款应明确作为抵押担保的抵押物必须是抵押人合法拥有和实际存在的，没有向任何第三者抵押过或转让过，在协议有效期内，未经抵押权人事先书面同意，不得擅自将抵押物出租、出售、转让、赠与、托管、再抵押、重大改装增补或以其他方式处置抵押物。陈述与保证条款还应确认抵押权人有权在协议失效之前对抵押物进行监督检查，在抵押人未还清全部贷款本金、利息和有关费用之前，抵押权人有权无需获得抵押人的同意，而将抵押权人的全部权利转让给第三者。

律师为境外个人提供购房抵押贷款见证服务是一项有发展前途的非诉讼法律事务。只要积极探索、大胆实践，努力与国际惯例接轨，律师在房地产金融市场中是大有可为的。

办案札记

为境外个人提供购房抵押贷款法律服务，是顺应国际惯例、适应市场经济需求的一次大胆实践，也是律师法律实务为改革开放服务的一次有益尝试。

在推出上海花园一期侨汇房和交通银行上海分行的合作后，福龙公寓有限公司又拿下了多个地块，开发上海花园二期和三期。

上海首个侨汇房购房抵押贷款法律服务，虽然是我在福龙公寓有限公司要求下积极尝试的，但作为交通银行上海分行法律顾问的李志强律师也为方案的最终落地贡献了智慧。后来，福龙公寓有限公司还和中国银行上海分行合作，推出了相关业务。但令人遗憾的是，当时的购房抵押贷款，期限只有五年，和现在最长的三十年期限相比胆子还不够大，对推动房地产市场健康发展的作用有限，但这可贵的第一步值得被历史铭记。

张国新律师

金矿为啥生产不出金子

王家骏

2009年，上海一家民营企业跨国收购了加拿大的一家上市公司。这家加拿大的上市公司在南非、塞内加尔、中非等非洲国家和地区均设有子公司，从事当地矿产的勘探、开发。其最主要资产为在南非设立的全资子公司所取得的位于中非共和国境内的黄金矿的开采权和勘探权，并且在其他非洲国家对一些稀有金属矿产正在进行前期勘探和磋商。

通过加拿大一家财务顾问公司的推荐，这家上海民营企业看中了这家加拿大的上市公司作为收购目标，不仅是因为这是一家海外上市企业，而且还因为它们在中非有一处品位非常不错的金矿的开采证，而矿产业务与这家上海民企本身所涉的业务领域也具有匹配性和互补性，能进一步助力这家上海民营企业"出海"，扩大境外业务拓展力度，故斥巨资完成了这场跨国收购。

收购完成后，这家上海民营企业着手对加拿大上市企业资产进行细化梳理。不料，本以为优质的资产"金矿"似乎存在不少"隐疾"，"含金量"存疑。因此，这家上海民营企业决定以新大股东和投资者的身份远赴南非，实地了解情况，避免下金蛋的鸡成为"鸡肋"。

为此，这家上海民营企业决定立刻组织一支由律师、会计师、投资顾问、地质学家和常驻非洲并在非洲具有多年工作经验的管理人员组成的调研团队前往南非。上海市联合律师事务所的陈晨律师是团队的法律顾问，并在随后的一系列围绕收购目标的破局方案中提供各项法律服务。

这一案例为希望出海跨国收购兼并而实现资源整合的中国企业提出了忠告：在收购兼并之前，一定要做尽职调查，一定要了解当地的法律、政策和法治环境。

受命急赴南非，找出问题症结

临时接到客户要求在几天后出差的任务，陈晨的心情十分忐忑。这家上海民营企业虽然也一直是联合律师事务所的客户，但由于其对加拿大上市企业的收购是在境外完成的，所以联合律师事务所对项目背景不甚了解；况且，这个案件涉及中国、加拿大、南非、中非四个国家的法律和政策，关系错综复杂，地域跨度很大，法域和政治环境又大相径庭——要在这么短的时间内立刻了解项目背景，在项目现场发现问题、甚至提出解决问题的方案，是非常不易的。而且，现有管理团队可能对新股东持有保留态度，无形中增加了对项目充分了解的难度，而事实也证明，陈晨的顾虑不无道理。

长途飞行抵达南非后，陈晨几乎没有任何休息调整的时间，就直接到了南非公司会议现场。她不顾旅途劳顿和时差反应，与南非公司当地的管理团队开始了对接会议，由南非公司的管理团队先进行公司经营及项目进展汇报，随后由中国调研团队进行发问和信息的进一步收集和梳理。

南非公司由其总经理先进行公司运营情况汇报，财务负责人对公司财务状况进行分析，再由从南非当地聘请的英国裔地质学家对中非金矿的勘探开采进展进行汇报。陈晨随后要求约谈南非公司的其他管理层人员、特聘的政府关系顾问，富有针对性地对项目进行调研，并为确保信息的独立性，与所有人员都是单独会谈，避免干扰。此后，又紧锣密鼓地走访了总部位于约翰内斯堡的为该项目提供相关服务的主要供应商,包括矿产勘探公司、南非最大的建造公司、南非当地最大的银行等,听取合同履行情况介绍,核实调研会议中的情况。

在取得基础信息后,陈晨梳理出调研的细化方案,并要求尽可能与中非当地团队及相关政府部门接洽,跟进项目进展,并建议调研团前往中非金矿进行实地走访,毕竟项目所涉的基础法律问题和财务运营情况,在南非公司总部就能找到答案,而要剖析作为实质资产的金矿的实际运营情况,必须前往中非的矿区实地走访,眼见为实才能获取第一手信息,找到症结。

在将这一提议反馈给客户后,客户也认为非常有必要而予以采纳。然而由于中非共和国时局不稳,处于战乱之中,所有民用航线均暂时停航,要深入对矿区进行实地勘探绝非易事,从南非到中非,只能通过包机前往矿区。当时的小飞机核定的搭乘人员不能超过四人,出于对安全和运载能力的考量,最终决定陈晨留在南非,继续核查项目资料,梳理项目的法律关系,审核已签订的合同情况,而调研团队内的地质学家在特聘的政府关系顾问和南非公司总经理的带领下前往中非,了解金矿的真实情况。

中非金矿的实际情况确实不容乐观。由于处于战乱区,矿区原本搭建的一些基础设施比如围墙、钻井设备等都已被破坏,在矿区的人员的人身安全亦无法保障,工人和家属大都已逃难躲避战乱,甚至连巡视守卫金矿的人员都没有,有的难民甚至从围墙毁损处进入矿区,搭起简易帐篷驻扎,金矿开采已经停滞。在与临时政府的负责人接洽后,也获知目前政局动荡,临时政府的管控能力有限,无法保障矿区的安全和开采的正常进行。

在南非不到一个星期的工作过程中,陈晨对南非公司的经营状况有了更为细致的了解:一是南非公司高成本运行,聘请的管理团队薪酬非常高,前期已投入的投资金额过高,相关费用不断累积,但金矿一直没有成功开采,南非公司实际只有成本支出而无任何收入,处于亏损状态;二是南非公司已经为中非金矿的开采签订了大量的合同,如贷款合同、基建合同、顾问合同等,大部分的首付款或定金已经支付，但由于整个金矿处于停滞状态，合同基本都没有实际履行，但如果解约还可能产生高额的违约金；三是中非当时是在临时政府代管，之后还会进行大选，而中非政府信誉一向不高，新一届政府在上台后很可能违约，随时会为了自己的利益而取消上届政府签发的金矿开采证和勘探证，并重新签发新的证照以此敛财；四是加拿大上市企业的投资者对中非局势也非常关注，但信息披露的内容似有避重就轻之嫌，很可能引起上市企业合规风险，引发投资者的不信任和恐慌。此外，在南非公司的财务报表中也发现不少问题，包括总经理个人支出高企且存疑等诸多问题，且对母公司的指令疏于执行。

陈晨与调研团队在取得初步结论后，向客户的实际控制人反馈并提出了几点建议：解聘南非公司的高级管理人员，尽快派驻合适的人员接管，包括从非洲其他国家的现有人员中调拨，以此收回南非公司的经营控制权；与一些供应商解除合作协议；与中非金矿的常年法律顾问法国律师和政府关系顾问沟通，向中非政府发函，要求履约的同时，尽快派人前往中非，与政府建立良好的合作关系，确保金矿开采证合法有效；梳理加拿大上市企业的管理体系。

对症下药止损，迅速亡羊补牢

客户本以为这是个优质的收购目标，对此收购目标抱有很大的期望，然而先遣调研团队带来的这些坏消息，也让上海民营企业颇感意外，在此关头，如何说服客户调整心态、及时止损，对律师而言是非常大的挑战。最终通过与实际控制人面对面逐一梳理要点和沟通，并在排除南非原有管理团队的影响下，陪同客户与外聘政府顾问单独会谈，听取意见。陈晨认为，中非金矿能否为加拿大上市公司带来收益，非常关键的是和中非政府要有紧密的接触，确保金矿开采证合法有效，而这位外聘政府顾问和中非政府有着良好的合作也体现出在与政府关系中的价值，是客户尽快对接中非项目中一股非常关键的力量。

陈晨律师在短短不到一个星期里提纲挈领地找到问题症结,不仅提出了自己的建议解决方案,也为客户对投资预期和目标进行切合实际的重新梳理和评估、分析利弊,为客户最终形成项目推进方案提供了专业法律意见,并得到了客户认可和采纳,客户也把后续执行工作交给陈晨负责。首先,由陈晨牵头解雇南非公司高级管理人员并办理工作交接,同时根据陈晨的建议继续保留外聘政府顾问,由其负责推进与中非政府协商;其次,与供应商合同的中止履行或协议解除;再者,更换了加拿大上市企业的部分人员,并就被裁减人员提起的劳动案件提供意见和协助。

在切实有效的推进下,陈晨很快帮助客户实现经营管理的垂直控制,并及时应对加拿大对上市公司的规范管理,弥补信息披露的不足,解决与投资者的紧张关系。

陈晨以其敬业的工作态度、快速反应以及专业的法律知识,以较低成本在较短时间内协助客户完成对上市公司资产经营的控制,收回经营管理权,从而得到客户的赞赏。

在此过程中,外聘的政府法律顾问认为陈晨在这么短的时间里,找出南非和中非公司存在的问题,并迅速提出解决问题的方案,具有非凡的工作能力。在陈晨解雇相关人员过程中,作为工作对立面的包括南非总经理在内的管理层虽然对被解雇本身抱有意见,但对她的专业能力无不赞赏,并表示在该项目完成后,在排除利益冲突的情况下,希望保持联系。

办案札记

经过多年的改革开放,不少中国企业积累了资本和经验,亟待走出国门,收购境外资产,以期扩大经营版图。在这个过程中,由于没有做好尽职调查,没有真切认识到收购目标的价值,未能辨别项目存在的风险和隐患,忽略了很多可能阻碍项目实现预期效果的因素，导致海外收购失败的案例层出不穷。

　　在收购前进行系统的尽职调查，确认可以平稳过渡并接管，深入了解当地的法律和投资环境，梳理所有的风险系数是避免"货不对板"的重要环节。比如在此项目中，如果在收购加拿大上市公司前可以先行赶赴南非和中非开展尽职调查，梳理勘探和开采的情况，及早发现问题，这家上海民营企业或许会做出不同的收购决定，也不会在收购后，再花费大量精力采取补救措施，应对各国的合规要求，避免不必要的经济损失。

　　合适的管理布局和团队组建也决定了项目的最终成败。此项目中将项目管理设在南非本身就有问题，不仅远离资产所在的中非，而且缺乏对管理团队的监督管理，运营效率低成本高，在没有充分评估项目的情况下，在南非找的都是顶尖的建筑公司、勘探公司，增加不必要的成本。作为收购方的客户也未能在收购前通过与原有管理团队的接洽沟通，及早评估决定是否保留管理团队，导致收购后才着手决定管理层去留问题，进行善后处理。

　　律师工作的价值是可以体现在各个阶段的，可以是收购前的守门人，也可以是事后的扫尾人。如何根据项目情况向客户提出中肯的建议，完成具体执行工作，并疏导客户情绪，也是对律师综合能力的考验。

陈晨律师

企业《内控手册》，律师干了会计师的活

王家骏

2008年6月28日，财政部、证监会、审计署、银监会、保监会联合发布了《企业内部控制基本规范》，要求自2009年7月1日起先在上市公司范围内施行，鼓励非上市的其他大中型企业执行。执行基本规范的上市公司，应当对本公司内部控制的有效性进行自我评价，披露年度自我评价报告，并可聘请具有证券、期货业务资格的中介机构对内部控制的有效性进行审计。

上海汽车进出口有限公司成立于1985年，注册资金人民币一百万元。1987年8月，公司更名为中国汽车工业进出口公司上海公司；1991年，归属上海市管理，恢复上海汽车进出口有限公司原名，1995年，注册资金追加到六千五百万元；2005年6月，公司改制，更名为上海汽车进出口有限公司，注册资金二亿元人民币，由上汽集团全额投资。

根据五部委的要求，上海汽车进出口有限公司聘请上海市联合律师事务所团队负责制定《内控手册》。经过陈国庆律师领衔的团队近半年的努力，一本数十万字的涉及控制环境、风险评估、信息与沟通、监控等二十四个章节的《内控手册》终于出炉，并获得上海汽车进出口有限公司的高度评价。

是合同管理，还是COSO中国版

2007年发生的美国次贷危机，发展成全面金融危机，进而向实体经济渗透、向全球蔓延，给世界经济带来严重影响。

针对这一情况，世界各国普遍重视企业内部控制，防止再次发生潜在风险。五部委发布的《企业内部控制基本规范》，要求坚持立足我国国情、借鉴国际惯例，确立了我国企业建立和实施内部控制的基础框架。

在陈国庆参与这一项目之前，联合律师事务所已经和上海汽车进出口有限公司达成了合作的协议。当时一位负责的律师按照企业法律合同管理制度来设计《内控手册》，与五部委"立足我国国情、借鉴国际惯例"的要求存在较大的差距。项目陷于停顿之际，联合律师事务所派出了刚从美国加州知名的威尔逊律师事务所完成一年访问交流归来的陈国庆律师参与具体工作。

早在几年前，陈国庆已经自行接触了美国反虚假财务报告委员会下属的发起人委员会（以下简称"COSO"，The Committee of Sponsoring Organizations of the Treaclway Commission）及其相关知识。1985年，由美国注册会计师协会、美国会计协会、财务经理人协会、内部审计师协会、管理会计师协会联合创建COSO，致力于指导执行管理伦理、内部控制、企业风险管理、欺诈和财务报告而建立的一个共同的内部控制模式，公司和组织可以对其进行评估。可以说，五部委发布的《企业内部控制基本规范》，就是在COSO基础上结合中国企业实际的一个内部控制体系。

陈国庆与上海汽车进出口有限公司相关人员达成了高度的一致，着手开始构建符合五部委要求的《内控手册》。

是重起炉灶，还是无缝对接

一直到现在，陈国庆还坚持自己的观点：这本《内控手册》其实应该是会计师事务所，而不应该是律师事务所来制作的。它涉及许多财务环节，非常专业，而这些问题对于律师来说，却十分陌生。

在具体实施过程中，陈国庆律师团队还碰到过许多问题，像上海汽车进出口有限公司这样的国有企业，本身就有严格的管理制度。在构建《内控手册》之前，上海汽车进出口有限公司已经建立了ISO制度和ERP制度。

ISO制度是国际标准化组织（International Organization for Standardization）制定的制度标准。国际标准化组织成立于1947年，现有一百六十五个成员，包括各会员国的国家标准机构和主要工业和服务业企业。中国国家标准化管理委员会（由国家市场监督管理总局管理）于1978年加入ISO组织。ISO负责当今世界上多数领域（包括军工、石油、船舶等垄断行业）的标准化活动，通过二千八百五十六个技术结构（含技术委员会六百十一个、工作组二千零二十二个、特别工作组三十八个及其他机构）开展技术活动。

ERP制度，由美国高德纳咨询公司（Gartner Group）于1990年提出，全称是Enterprise Resource Planning，意为"企业资源计划"，是建立在信息技术基础上，以系统化的管理思想，为企业决策层及员工提供决策运行手段的管理平台。企业资源计划是企业制造资源计划（MRP II）下一代的制造业系统和资源计划软件。除了MRP II已有的生产资源计划、制造、财务、销售、采购等功能外，还有质量管理，实验室管理，业务流程管理，产品数据管理，存货、分销与运输管理，人力资源管理和定期报告系统。

无论是ISO制度还是ERP制度，都是现代企业管理不可或缺的一部分，摈弃ISO制度和ERP制度，只会对企业现有的管理体系造成极大的浪费。但如果把ISO制度和ERP制度和企业内部控制系统无缝对接，则对律师团队提出了新的挑战和压力，在费用不增加的情况下，律师们的工作强度将大大提升。

陈国庆在和上海汽车进出口有限公司管理层做了卓有成效的沟通后，决定把ISO制度、ERP制度和企业内部控制系统全部打通，最终形成了一个既保留了ISO制度和ERP制度科学合理部分的架构、又融合了COSO主要成分的《内控手册》，得到了上海汽车进出口有限公司管理层的高度评价。

是服务创新，更是团队合作

在联合律师事务所，即使像陈国庆这样接触过COSO的高级合伙人，也是第一次真正操刀企业内部控制系统的架构建设。

从接手项目的第一天起，陈国庆就感到这是一个巨大的工程，不是几个人就可以解决问题的。他召集了联合律师事务所十多位年轻律师组成团队，要求所有人从每天上午10点干到晚上10点，并在事务所附近租借宾馆，供大家休息住宿。"时间非常紧，我们不能把时间浪费在无谓的事情上，就算是这样，也干了三四个月时间，才完成了初稿。"

陈国庆把人员安排得满满当当，一部分人去上海汽车进出口有限公司现场调研，一部分人在律师事务所搜索资料、制作文件。晚上10点以后，还要开碰头会，分析汇总当天碰到的问题，提出解决问题的思路和方案。

"我们把整个项目分成了三块，第一块是全员培训，前前后后搞了三场培训，为上海汽车进出口有限公司全体员工讲解政策层面的内容，提高他们的内控意识，提升他们规范化管理的能力。第二块就是调研，跟所有部门进行访谈，了解他们现有的业务规范流程，看看有没有什么漏洞，然后寻找风控点位。第三块是与现有制度对照，现有制度当中有没有匹配的，没有匹配的，就按照内控系统要求补齐漏洞。"陈国庆坦言，为上海汽车进出口有限公司制定《内控手册》，是一次服务的创新，因为在此之前谁也没有真正接触过相关领域，从事过相关工作，同时也是联合律师事务所团队合作的一次有益尝试。从传统业务来看，律师比较适合单打独斗的工作，比如出庭诉讼，而新兴业务的发展，特别是非讼业务的发展，更需要团队的精诚合作，需要多元化的人才整合在一起。像这本《内控手册》，涉及法律、财会、企业文化、人力资源管理等多个方面的专业人才，仅仅依靠一个人或者几个人的力量，根本无法完成整个工程。

办案札记

　　为上海汽车进出口有限公司制定《内控手册》，是我在非讼业务领域的一次有益尝试。这个案件带给我的启迪是：如何在与世界接轨的改革开放时代，为律师和律师事务所的发展寻找到更为广阔的发展空间。如何在现有资源条件下，为客户提供成本最小、效果最好的服务方案。如何发挥整个团队的协同能力和专业优势，用"联合创造价值"。

　　实际上，五部委的文件已经指出了项目的最终结果，就是"立足我国国情、借鉴国际惯例"，这也为我们最终成果的呈现，提供了根本的遵循。上海汽车进出口有限公司现有的ISO制度和ERP制度，已经成为企业管理一个不可或缺的组成部分，轻易地否决或草率地融合，都会对企业的经营管理带来重大损失和隐患。当我们把ISO制度、ERP制度和COSO主要成分有机整合成为一个闭环的整体时，已经离成功只有一步之遥了。

　　当初我在研究COSO相关知识和内容的时候，并不知道未来自己会参与这样一个项目，而平时无心积累的相关知识却在一个不经意的时间点派上了用场。多读点无用的书，也许会派上你自己也想象不到的用场。

　　这个项目的成功，使上海汽车进出口有限公司最终宣布联合律师事务所成为其常年法律顾问单位，这也是客户在原来合同的基础上，看到联合律师事务所团队超值付出和服务，对大家的奖赏和回报。

陈国庆律师

如何避免外国医生境外远程服务带来的风险?

陈烺

近年来,医疗国际化已成趋势,越来越多的中国患者开始寻求海外就医。据相关机构统计,2018年中国到海外就医的人数已达八十三万人次。更有市场预测认为,未来十年,中国海外就医市场潜力有可能超过数百亿美元。

与此同时,随着"互联网+健康"被看作人工智能的最佳应用场景之一,让外国医生在境外通过互联网来看病悄然成了一种比"身赴海外"寻医成本更低、效率更高、更加便捷的新服务。

当然,一系列相应的法律问题也浮出水面,有关外国医生在境外提供远程服务的法律风险管理成为各方焦点。上海市联合律师事务所卢意光律师团队从2022年起为北京A公司提供健康咨询意见的法律意见书,通过设计合规路径,帮助客户在合法合规的前提下开展业务,实现自身商业利益。

业务项目涉及五大主体

2022年,北京A公司拟开展一项业务,与美国东部一所著名大学的附属医院展开合作,由外国医生为境内患者提供医学意见,境内的合作方是一家当地的肿瘤医院，具体合作形式包括外国医生通过互联网在境外远程提供意见，以及外国医生到境内面对面向患者提供意见两种。对此业务项目可能产生的外国医生可以提供医学意见的范围、如何提供医学意见、患者数据如何跨境传输等一系列法律问题，A公司求助卢意光律师团队提供法律咨询意见。

外国医生在境内执业的情况很常见，也很受境内患者欢迎，但是直接由外国医生在境外通过互联网为境内的患者提供医学咨询却不多见，毫无疑问，A公司这一项目合作模式堪称新颖，在中国也存在着很广阔的市场需求。

然而，这一项目的复杂疑难程度也超乎常人的想象。

首先是涉及的主体众多，包括A公司、患者、外国医生、外国医生所在的医疗机构和境内肿瘤医院五大主体，这就涉及必须明确各个主体之间的关系和权利义务。

其二是涉及专业领域众多，除常人最容易想到的医疗领域外，还涉及数据出境、个人信息保护，以及外国人就业、出入境、劳动人事等专业领域，于是，在项目进行的过程中，就必须通过加强与其他律师、其他团队的密切协作，保证法律意见书的全面性和专业性。同时，关于项目的日常沟通与文件起草均要求双语，这也存在相当大的考验。

第三个难点是，随着项目的进展，其间的相关法律法规也在调整，尤其是在关于数据跨境传输方面，随着所涉及的法律法规的不断变化与更新，出具的法律意见书也需要与时俱进。

显然，A公司拥有外国医生的资源，其商业目的是想最大限度地发挥这一资源的效用，但如何在合法合规的框架下为境内患者提供服务（包括诊疗服务与健康咨询服务），实现自己的商业价值，A公司感到茫然。

避免踩入法律风险的雷区

卢意光律师团队接案后，梳理了该项目存在的法律问题：外国医生在境外是否可以提供诊疗服务、提供诊疗服务的行政风险与民事风险、患者数据跨境传输的相关风险,等等。

其实对于诊疗活动,2017年修正的《医疗机构管理条例实施细则》第八十八条是这样定义的:"诊疗活动是指通过各种检查,使用药物、器械及手术等方法,对疾病作出判断和消除疾病、缓解病情、减轻痛苦、改善功能、延长生命、帮助患者恢复健康的活动"。即我国对于诊疗活动是广义定义,概括来说,通过检查对疾病做出判断、提供治疗方案等行为均构成诊疗活动。

由此,卢意光律师团队提出了法律建议并确立了合作模式:区分境外、境内以及健康咨询服务、诊疗服务设计合作模式与合规路径,起草相应的声明与合同文本,增加执行操作性,提升合作效率,降低法律风险,实现商业目的。

其中,清晰地区分诊疗服务和健康咨询服务的法律边界无疑是问题的焦点。

互联网诊疗与健康咨询管理相伴相生。在最早形成的"互联网+健康"模式下,健康咨询是核心业务模式之一。诊疗行为需要准入条件,但健康咨询并不需要,于是,健康咨询与诊疗之间的区分对于"准入"这一话题就成为关键先决性问题。

国家卫健委为了贯彻落实《国务院办公厅关于促进"互联网+医疗健康"发展的意见》有关要求,进一步规范互联网的诊疗行为,发挥远程医疗服务的积极作用,提高医疗服务的效率,保证医疗质量和安全,曾发布了《互联网诊疗管理办法(试行)》《互联网医院管理办法(试行)》《远程医疗服务管理规范(试行)》三个文件。

2018年9月14日,国家卫健委相关领导在专题新闻发布会上答记者问时明确指出:"在线疾病咨询和在线疾病诊疗之间确实有一些交叉,疾病在线的咨询不属于互联网诊疗的范围。互联网诊疗是医生对疾病下诊断的结论,并且要提出治疗方案,按照文件来进行管理。如果只是提供一些疾病咨询,比如你要少吃盐,或者要多运动,这些方面的一些建议不含明确诊断和治疗,就属于咨询范畴。如果明确诊断某个疾病，然后告诉患者要吃什么药，或者要到医院做某种治疗，就属于诊疗范畴，要按照互联网诊疗的管理办法进行管理。"

由此可见，医生在与患者的交流过程中，是否进行了患病判断、是否提供了治疗方案或建议，是区分两者的关键。"但是，在某些方面，两者之间的界线还是比较模糊的，"卢意光说，"尤其是针对慢性病患者的健康管理建议，有时候很难避免涉及用药信息等问题，这就需要行业参与者在进行业务模式设计时，做特殊考虑并设置相应标准，避免踏入雷区。因为一旦健康咨询转变为问诊，参与者将面临未经许可从事诊疗行为的法律风险。"

同步更新的意见书最终呈现

卢意光表示，做好这份法律意见书非常关键的一点，是要既涵盖全面性，又要体现专业性。

首先，需要了解客户的商业目的，梳理客户的商业模式下涉及的主体；接下来围绕客户初步的想法和要求，通过多次沟通、反馈、总结和整理，确定客户关注和亟待解决的法律问题，拟定法律意见书的提纲，并以此大纲具体分工；再次，分析存在的法律问题，在前述提纲的基础上，具体予以分析讨论、提示法律风险，如提供诊疗服务的风险、患者数据跨境传输的相关风险等；随后双方确立了合作模式，并细分境外、境内以及健康咨询服务、诊疗服务，设计提纲咨询意见的合作模式与合规路径；最后，卢意光律师团队提出法律建议，根据设计的合作模式，起草相应的声明与合同文本，关注完善细节问题，增加执行操作性，提升合作效率，降低法律风险，实现商业目的。

在分析存在的法律问题上，卢意光律师团队具体分析讨论、提示法律风险，如提供诊疗服务的风险、患者数据跨境传输的相关风险等。

在面临众多主体的情况下，为达到合规目的，结合客户的商业需求以及现实情况，法律意见书建议A公司与境内医疗机构、患者本人签署三方协议，各方的权利义务重点主要在明确说明外国医生仅提供健康咨询意见、而非诊疗活动的行为性质。同时，对于患者病历需要向境外传输以及涉及数据跨境传输事宜，建议一并向患方说明，并取得其明确书面同意。

卢意光对此进一步说明，对于当地医疗机构，明确其应告知患者，外国医生仅提供健康咨询意见，而非诊疗活动；外国医生向当地医疗机构提供健康咨询意见后，最终诊疗方案由当地医疗机构根据患者病情再行确定；再比如对于患者，除告知其健康咨询意见的性质外，如果患者病历以跨境传输的方式提供给外国医生，需患者明确表示同意和配合。

前后花费了四个月时间后，A公司的该项目法律意见书在不断根据客户需求细化、并根据双方沟通反馈以及与相关法律法规保持同步的基础上，最终以中英文双语版本呈现，中文版二十八页，英文版二十六页。

据了解，卢意光律师团队从接洽项目到正式着手，从推出1.0版本到根据客户需求对部分内容予以调整完成2.0版本，再到根据法规更新，最终成稿3.0版本，最后取得了客户境内公司与境外公司的一致认可，并在实务中具体开展相关业务。

关于法规的更新主要是体现在数据跨境方面。在最初起草法律意见书之际，具体的法律规定及政策都尚未落地，大多数都是征求意见稿，如《数据出境安全评估办法》等，且针对个人信息跨境传输的数据上限作出了不同的规定。

于是，卢意光团队一方面与卫生主管部门保持沟通，因为当时针对医疗数据跨境传输尚无成熟、可操作的审批流程；另一方面，密切关注数据跨境传输法律法规的更新，以及政策落地的最新情况，结合行业做法，及时为当事人提供数据跨境传输的可操作路径方案。

如今，针对该法律意见书涉及的医疗和数据跨境传输相关问题，卢意光律师团队还每月定期单独为客户出具一份月度法规报告。

基于对卢意光律师团队的高度信任与认可，A公司随后又与他们进行了新的项目合作，包括拟在境内设立医院等。

办案札记

　　本项目合作模式较为新颖，更适应当今环境，同时基于境内患者对外国医生的信赖和需要，本项目在境内将具有广阔的市场需求，一旦本项目落地实施，并在境内城市复制推广，可以帮助客户实现可观的商业效益，帮助患者更便捷地寻诊。

　　长期以来，在发展"互联网+医疗健康"过程中，如何区分及处理"互联网诊疗"及"互联网健康咨询"之间的关系，是实务中的难题，有的互联网健康咨询公司将"互联网诊疗"误解为"互联网健康咨询"，越界从事诊疗活动，构成无证行医。那么，究竟"互联网健康咨询"能从事什么工作？其与"互联网诊疗"的界限在哪里？医疗机构在互联网上与患者进行健康咨询，包括线上健康评估、健康指导、健康宣教、就诊指导等，是否属于"互联网诊疗"？这些问题如果没有明确的指导意见，促进和规范行业健康发展就无从谈起。

　　国家卫生主管部门曾在2018年7月17日制定了《互联网诊疗管理办法（试行）》，其中许多限制性规定的初衷是保障医疗安全，但随着时代发展，特别是互联网技术的快速发展，在保证医疗安全、注重医疗效率的双重考量下，互联网诊疗的服务范围可以逐步扩大。

　　规范互联网的诊疗行为，发挥远程医疗服务的积极作用，提高医疗服务的效率，保证医疗质量和安全，一直是国家对于"互联网+医疗健康"发展的要求。我们相信，法律服务可以为"互联网+医疗健康"提供更好的保障，会为人民群众求医问药带来更大的便利。

卢意光律师团队

后 记

当《四十年·四十案——上海市联合律师事务所经典案例集粹》一书完稿准备付印之际，网络上正疯传深圳的一名大学法学教授因交通违规被交警处罚，他认为交警的执法过程存在问题，把交警部门告上了法庭的案例。

这起发生在三年前的行政诉讼案，为什么会引起网民的高度关注？因为它通过以案释法，对执法部门在执法程序、事实认定、法律适用等方面的乱作为，进行了教科书般的解读，最终法庭宣判交警部门败诉。有网民称"这是知识的力量"，也有网民称"这是法律的力量"。

在现代文明社会中，法律的重要性毋庸置疑，它主要体现在维护社会秩序、保障公民权利和自由、促进社会经济发展、教育和引导作用、促进社会公平正义等方面。

作为恢复高考后第一批攻读法律的大学生，我们见证了中国法治建设的不断发展，也参与了许多法治进步的重要历史时刻。从1984年12月19日上海市司法局批复成立上海市联合律师事务所以来，已经过去了四十个年头，联合律师事务所也从一家只有"两个半律师"的律所，发展成为拥有100多位律师的名所。四十年来，联合律师事务所涌现了一批又一批名律师，培养了一代又一代年轻律师，律师们经手的案件成千上万，其中凝聚着创新的智慧、人性的光芒，许多案件对推动社会进步、经济发展起到了积极的作用。

值此联合律师事务所成立四十周年之际，我们大浪淘沙，从律师们经办的无数个案件中，遴选出四十个经典案例，编辑成这本案例集，向所有关心关注联合律师事务所的朋友、读者汇报。也许，这些案例本身还不完美，甚至有这样那样的缺憾，但它们是生动的、鲜活的。希望大家在阅读这些案例的同时，看到我们曾经努力的模样，也希望这些还不成熟的案例和更多同行的司法实践，起到抛砖引玉的作用，让大家共同努力，实现党的二十大提出的"坚持全面依法治国，推进法治中国建设"的目标。

在《四十年·四十案——上海市联合律师事务所经典案例集粹》写作过程中，中国作家协会会员沈嘉禄、潘真、王萌萌，《民主与法制》杂志原副总编冯慧和资深媒体人王家骏及他的团队成员徐进、陈烺、樊佳、张一付出了大量的心血。

上海市法官检察官遴选委员会主任、上海市社会科学界联合会副主席沈国明先生为本书作序。中国书法家协会会员杨耀扬先生为本书题写书名。上海市版协书籍设计艺委会主任、上海辞书出版社美编室主任姜明为本书进行整体视觉设计。在此一并表示感谢。

以案释法，能帮助当事人更好地了解法律，有助于案件的顺利解决，也是普法宣传教育的一种有效手段，有助于提高执法人员的执法水平，优化执法办案的机制和程序。

我们希望《四十年·四十案——上海市联合律师事务所经典案例集粹》一书在推进科学立法、严格执法、公正司法、全民守法，全面推进国家各方面工作法治化的进程中，发挥应有的作用。

朱洪超　江宪

2024年11月20日